# CAHIER D'AMOUR

## *Liefdesbrieven*

SAMENSTELLING LUC COOREVITS

Nijgh & Van Ditmar / Amsterdam
Dedalus / Antwerpen
1994

*Cahier d'Amour* verschijnt ter gelegenheid van het tienjarig bestaan van de v.z.w. Behoud de Begeerte en in de marge van de vijfde editie van *Saint-Amour*, een literair programma rond liefde en begeerte. De meeste brieven werden speciaal voor deze bundel geschreven. 'De kleine dood' van Jeroen Brouwers verscheen eerder in *Elle* (maart 1993), Stefan Hertmans publiceerde 'Intieme brieven' ook in *De Gids* (augustus 1993), 'Pekelvlees' van Connie Palmen stond onder de titel 'Liefste' in *Elle* (maart 1993) en 'Brief aan Susan D.' van Joost Zwagerman was een van zijn 'Drie Brieven' in *Maatstaf* (november-december 1987). 'Inmiddels, in Havana' van Tom Lanoye is het eerste deel van het verhaal in brieven 'Moros y cristianos' uit de bundel *Spek en bonen* (Prometheus 1994).


Boekverzorging Zeno, Amsterdam
Omslagtekening Jan Bosschaert
NUGI 300 / ISBN 90 388 1365 1 / CIP

# *Inhoud*

## GEDICHT VOOR BEGINNELINGEN

*In een omslachtig bed vol eenzaamheid,*
*met pluizige tranen en een lange winter,*
*zo eindigt steeds de liefde uitzichtloos.*
*En troost is dan een dichtgevroren woord.*

*En toch, om te vergeten kan men langer slapen,*
*zijn liefde laten zwemmen in papieren brieven.*
*Men kan daarna tijdens het lange treuren*
*eens op een ander been gaan staan*

*of bij gebrek aan beter luidop zitten denken,*
*hetgeen betekent, lieve mensen, luidop weten*
*dat liefde iets met sterven heeft te maken.*

*Jammer, want het gaat er soms prettig aan toe.*

PAUL SNOEK

UIT: *Ik heb vannacht de liefde uitgevonden. Verzamelde gedichten.* Manteau 1982

# EDDY VAN VLIET
# *Drieduizend dagen*

MIJN ALLERLIEFSTE,
Vandaag zijn wij precies drieduizend dagen samen en ik mis je. Niet zoals vroeger toen ik je soms gedurende weken niet zag of hoorde. Jij bij je familie in Canada, ik reizend door Italië of gewoonweg thuis, wachtend en fantaserend over je terugkeer.

Ik mis je zoals ik altijd heb gehoopt je ooit te zullen missen. Ieder in een verschillende stad. Jij een stuk repeterend en ik op een of andere werfvergadering. Onbereikbaar, maar voor slechts enkele uren. Opnieuw die spanning, het onbewust uitkijken naar een telefooncel, de vrees dat er iets mis zal lopen, dat het nooit zal lukken om meer dan twee à drie uren samen te zijn. En dan eventjes die vrees cultiveren, wetende dat ik je 's avonds weer zie. Je lach, je ongekamde haren, je papieren die reeds in de gang op de grond vallen, je struikelend haasten. Dit alles mis ik terwijl ik je een brief schrijf in dit stille huis dat zo vervuld is van je aanwezigheid. Overal herken ik je sporen, ruik ik je parfum, je lichaam, zie ik je aantekeningen maken in een boek of een tijdschrift.

Ik luister naar de pianoconcerten van Beethoven: je eerste cadeau. Wat was ik vroeger toch een barbaar. Ik kende nauwelijks iets van muziek, een boek las ik zelden en de enkele toneelstukken die ik gezien had, vond ik flauwe kul.

Als was ik uitgehongerd, heb je mij behoedzaam gevoed. Beetje bij beetje heb je mij ingewijd in de geheimen van de muziek en de literatuur.

'Zoen, in naam van de zoen,' was de eerste versregel die je mij toe fluisterde. In café L'Ultime Atome. Weet je nog? Ik dacht dat je hem zelf had bedacht. Je zei niets, kuste mij en legde tussen mijn kranten de bloemlezing liefdesgedichten waarin de regel te lezen stond. Het was van mijn schooltijd geleden dat ik nog poëzie had gelezen. Ik kon je moeilijk bekennen dat ik het allemaal niet zo goed begreep. Maar dat wist je, zoals je altijd alles intuïtief aanvoelt. Met kleine pasjes naderde ik dichter en dichter je wonderlijke wereld van woorden, klanken en kleuren. Je leidde mij door een labyrint van schoonheid waarin ik wil blijven zoeken en verdwalen.

Soms sta ik voor je boekenkast en streel de ruggen van de boeken. Het is alsof ik na de lezing van elk boek je beter ken, je beter begrijp. De talloze potloodstreepjes, vraagtekens, kruisjes: zoveel verwijzingen naar je verlangens, je jeugd, je vragen, je angsten. Je hoeft niet meer bang te zijn. Je huid is uitsluitend van jou en zal alleen maar worden aangeraakt als jij het wenst. Je mooie, gladde huid die zoveel onzichtbare littekens draagt, die verbergt wat je mij zo moeizaam in de loop der jaren verteld hebt. Stotterend, aarzelend, met afgewende ogen, je schamend voor de daden van een ander.

Is het misschien omdat wij beiden gedurende die drieduizend dagen onze diepste geheimen hebben verteld, ons verdriet gedeeld hebben waarvan wij meenden nooit te zullen herstellen, dat wij ons voor de eerste maal vrij voelden? Bevrijd van angst voor de leugen en het bedrog. Nooit hebben wij gedacht dat dit mogelijk was. En beslist niet op die derde december, nu drieduizend dagen geleden, toen wij elkaar voor de eerste maal terugzagen. En zeggen dat je zo lang geaarzeld hebt om het café binnen te stappen. Je tikte verlegen op mijn schouder. Je dacht dat ik je niet meer herkende.

Ik was dronken. God wat dronk ik toen veel. Altijd op stap. Saaie congressen. Doelloos door de stad dwalen. Vernietigen was het enige dat mij interesseerde. Niet onmiddellijk de passende mentaliteit voor een architect.

Wat wij gezegd hebben, kan ik me bij benadering niet meer herinneren, wel weet ik dat wij gelachen hebben, o ja, eindelijk gelachen.

Het telefoonnummer van de schouwburg waar je toen werkte, heb ik nog steeds op zak. Een amulet. Zoals gewoonlijk was je niet goed afgeschminkt en hing er een haarlok voor je ogen. Dat maakt je zo ontroerend mooi. Je bruuske gebaren, je jongensachtige stap, je vermanende blik als ik op straat naar je kont grijp. Maar dat schreef ik je al meer. Eigenlijk heb ik je reeds alles geschreven. Vanaf de vreemdste plaatsen, in de moeilijkste omstandigheden. Je lievelingsdichter Remco Campert heeft gelijk als hij over de liefde schrijft: 'Het is niet en nooit genoeg.' Het genot van de overvloed die een niet te stillen honger inhoudt. Altijd opnieuw bevestigen dat je van elkaar houdt en dit altijd opnieuw willen horen bevestigen.

Drieduizend dagen. Duizend maal het heilige getal drie. Niet alleen 3 december, maar ook 3 maart. Je geboortedag. Hoe wij voor de eerste maal je verjaardag vierden! Stiekem in dat lege herenhuis. De krakende vloeren, de wijnvlekken, de olijven, de oude matras op zolder, onze schrik te worden betrapt, het kaarsvet op je nagels, je nagels in mijn vlees, de bevrijdende wonden. Die nacht ontdekten wij de passie en wisten wij dat er geen weg terug was. Het begin van een langzaam genezingsproces. Precies drie maanden na ons eerste weerzien.

Ik voel je vingers die nu over dit papier glijden. Je zit met gekruiste benen, zedig en hitsig als een kostschoolmeisje. Je grijpt naar je hals. Ik ruik hem.

Terwijl je deze brief leest, wacht ik op je op een plaats waar wij nooit samen geweest zijn en die veel met ons magisch getal heeft te maken. Pijnig je hoofd niet, want je kan toch nooit raden waar ik ben.

Rond acht uur zal een taxi je komen ophalen.

Op het bed ligt een verrassing. Loop vlug de trap op, mijn lieveling. Ik zie je dijen. Ik verlang naar je, en... wees niet verbaasd, ik hou van je.

Kus,
je W.

# JOHAN ANTHIERENS
## *Jij*

BRUSSEL, 1 JANUARI 1994

Je zat in een bus op de boulevard Emile Jacqmain. De bus trok op en je halflange haar deinde mee met de hydraulische veerkracht. Je las achter glas een boek over ballet. Letters dansten in je handen. Ik rende achter je traject aan tot mijn longen sprongen.

Jij.

Je dreef je fiets door een dreef, drijfnat van oktoberregen. De gevallen blaren zagen rood als je natte wangen. Je hijgde voor je uit, de dunne banden persten zich in het slijk. Je droeg een bloezende heupjas, een roestbruin jack met overal zakken, een verweerd jack, vol craquelé. Ik zette een stap opzij en keek je in en uit het zadel balancerende billen na, zag het regenplasje rond de gleuf in het zadel. Ik keek bleek, draadloos verbonden met Jack the Ripper.

Je zat in de Koninklijke Bibliotheek, knap van jezelf en opgedane kennis. Je keek op en zei: 'Hallo!', want wij kenden elkaar van ik weet niet waar. Wel waar, je was de apothekersdochter, je woonde tegenover de Sint-Gertrudiskerk in Etterbeek. Gehuwde vaders kochten bij je pa *tranquillizers* om aan je obsederende schoonheid te ontslapen. Zondag op zondag bad je op een bidstoel, een centimeter nylondij projecterend voor de rij kerkgangers achter jou. De kerk hield zich sterk, maar is in 1993 finaal ingestort, heiligheid onder zich verbrijzelend. Een zeldzaam geval van kerkdepressie, een uniek geval van beeldenstorm. Je toonde wat je las, *Michel de Ghelderode ou la hantise du masque* van Roland Beyen. Ik las uit je hand, zag het masker door je vingers. Moet je dat jukbeenderenbolwerk van De Ghelderode zien, het afweergeschut in die ogen. Zijn hautaine misprijzen op een berg alleen, bij het naar beneden blikken. Ik zei: 'Allez, alors, à la prochaine,' en liep door, een geslagen hond met een hoed op.

Je was mijn moeder, vijf maanden voor haar dood. Je liep, tachtig jaar oud, moeizaam door de gangen van het ziekenhuis van Halle. Het gezicht vaalroze van opwinding, na de vele vervelende onderzoeken. Je gezicht van dezelfde kleur als het gemeen roze van je korset, dat je oudere echtgenoot naast je behulpzaam en behoedzaam onder zijn arm meedroeg. Een ouderwets korset, het roze satijn opgespiest aan baleinen. Door het afleggen van het kledingstuk verweekte je silhouet, overlapten je vormen. Ik liep aan je andere, nu bredere zijde, en keek naar jou. Mama. Jij keek naar je zoon, wij hingen hand in hand op Golgotha. Maar je keek met in je sluitende ogen de belofte dat je aan goddelijke schoonheid nooit zou inboeten. Nooit. Al stroopten de dokters je honderd korsetten af in hun kabinetten.

Ik verzamel krantefoto's van jou. Een foto van vier bijna-bejaarde vrouwen, woedend wadend door een kolkende centrumstraat in New York, december 1992. Zich aan elkaar vastklampend om niet meegesleurd te worden door een op drift geslagen taxi, het glazen vlot van een etalageruit of een zaterdageditie van *The New York Times*. Je bent de voorpaginafoto van een rennende vrouw in Sarajevo, maart 1993. De grote vrouw, in flatteuze enkellange rok, rent voorbij een door de oorlog vernielde vuilniscontainer. Jij verliest onder het rennen niets van je elegantie, naast jou spurt een man in wit kruideniersschort, het gezicht vertrokken van angst voor de blauwe boon. De vrouw – ik zou met haar meelopend op de foto een huwelijksaanzoek willen doen maar de taal speelt parten – draagt voor zich uit een doos poedersuiker, of een pot yoghurt. Heb je de stoeprand gehaald, ben je in een wolk suiker opgegaan? Ik frons de onderkant van de zwarte kranterok en dagdroom van een onder schot gehouden vuurlinie.

Foto van een de straat over rennende vrouw, Zagreb, september 1991. De stad heeft de kogelbui zien hangen, de sirenes loeien. De vrouw draagt voor zich uit, in de rechterhand, een groot ongesneden brood, in de linkerhand draagt zij een transparante zak met voor veel geld veroverde eetwaren. Zij is niet mooi, maar zo onthutsend prooi dat ik voor haar mijn ziel aan de duivel wil leasen. Bij het zien van de prent weet ik dat zij met die bemachtigde zuivelwaar naar haar jongen rent. Zij draagt geen kousen, rent op zo'n gewone blote benen in die volle vlucht dat de Sint-Gertrudiskerk in mij weer sidderen gaat. Heeft zij de treden naar het souterrain gehaald, werd het korenbrood met rood belegd?

Foto van Robert Capa. Straatbeeld Madrid, 1936. De voorbijgangers houden de stap in, speuren geparalyseerd de hemel af naar vliegtuigen van generaal Franco. Het gespin moet tot geronk aangezweld zijn, de concentratie op de gezichten transpireert nog door de krantepagina van 5 december 1990. Zo te zien zullen de stokstijven binnen een paar tellen plat op de buik gaan, de portieken induiken. Op de voorgrond een moeder en haar dochter. De moeder lijkt op een foto van mijn moeder toen die veertig was, een struise vrouw maar niet boers, want stadsvrouw. De moeder heeft alleen oog voor de in duikvlucht klapwiekende engelen des doods. Zij draagt een openhangende mantel, daaronder een boerse jurk met kanten kraag. De dochter, een jaar of acht, pakt mama bij de rechterhand en kijkt strak voor zich uit. Het kind draagt een te wijde mantel met te lange mouwen, een verlengstuk van mama's mantel. Je merkt hoe de gespannen zenuwen van de vrouw via hun in elkaar geslagen handen doortrekken in het meisje, haar opladen met een stroom stress. Dit normaal aan mama's hand hinkelende kind observeert de apocalyps om zich heen met een blik van levertraan.

Jij bent Marilyn Monroe die twee kroppen sla tegen de borsten aandrukt, een pose die het konijntje van *Playboy* moet aanspreken. Jij bent een linnen lied, waar Brel in een anonieme stad komt creperen. Een stad verduisterd door schaduwen van oudjes, extracten van mensen die elkaar verbaal onderkrassen. Zijn levenslust kwam voor de val. Nicotine maakte van zijn gestel een teer gestel, twintig whisky's per dag perforeren de gezondheid. Hij komt hier incognito doodgaan. Hij spuwt gal van een vrouwelijk gehalte, vrouwen zijn hem altijd superieur af geweest, elke man is een slecht verliezer. Hij staat in een portiek solitair te sterven, wachtend op de engel des doods, en ziet een vrouw naderbij komen. Veerkrachtig lopend in een linnen jurk, dame in dansend linnen. Een schoonheid in handbereik, bonst het in hem, integraal naakt onder haar kleren. Want een man denkt aan het lichaam onder de lingerie van de vrouw tegenover zich: in de tram, op de bus, in de metro, in de mis, in de file, in de demonstratie, in de kantine, in het verdriet, in gesprek of wij dat huis nu gaan kopen, wat denk jij, Suzanne? (Ik denk aan je stenen huid, Suzanne.)

Ik denk aan jou in het holst van de nacht, halverwege een boterham. Ik denk aan jou in het midden van een kus. Toen hij negentig werd, waarschuwde Gerard Walschap publiekelijk om geen vrouw zonder chaperon bij hem achter te laten, op gevaar af dat zij het met opgetrokken rokken op een rennen zou zetten.

Jij bent een lied van Ferré waarin hij haar corpus met een kathedraal vergelijkt en haar kont tussen de verfrommelde lakens met een glas-in-loodraam.

*Dans le désordre de ton cul*
*Poissé dans les draps d'aube fine*
*Je voyais un vitrail de plus*
*Et toi fille verte mon spleen*

Jij bent een naaktmodel van Rouault, met door een gehaktmolen gemolesteerde maten, met wilde vegen haar tot op het uit steen gehouwen onbehouwen achterwerk. Je bent een uitgeschoven gezicht, zoals Modigliani gezichten op hulzen van halzen monteerde. Je hebt de schubben van Susanna op het schilderij van Rembrandt. Susanna belaagd door Walschap en andere kornuiten uit Londerzeel die op haar kuise onderjurk kwijlen, tegen de van haar heupen afglijdende badmatel aanbibberen. Vaak, in de Berlijnse galerie waar dat tafereel hangt, moet de suppoost schokkende oude bewonderaars afvoeren. Met een opveegdoek hun slibspoor opvegen.

Jij.

Je bent een val met strik.

Een blauw druivenpark. Bezonken rood. Een Pomerol van 1947 met een streng korset van een etiket die elk jaar in haar kelderrijk uitgelachen wordt door de beaujolais nouveau, getrokken uit bruisend blauw druivebloed.

Je bent de onbekende verschijning/verdwijning die Hugo Claus zich een eeuw later tijdens een persgesprek met Hugo Camps herinnert. Een vrouw steeg in Parijs op uit de metrotrap die hij afdaalde. Hun blikken haakten. Een seismische sensatie, drie seconden eeuwige passie. Toen vervolgde zij haar en hij zijn levensweg, met afgebrande ogen.

Jij bent een optrekkende bus, een dreef, droefenis, drama.

Je bent melk en vuur, een balkon overwingerd met slablaadjes. Je bent een symfonisch orkest op een verlaten eiland, je hebt tepels als orgelpunten van Bach, als je zingt vallen sirenen van hun rotsen.

Ik blijf een fluitje van een cent.

Je bent uiteraard een waanbeeld. Een wollen maan waar ik als Chagall naar huil. Mij schurkend in een donsdeken van netelkoorts.

Jij bent een onheilspellende Medusa van Magritte, ik een stollend stilleven.

Ik wou dat je band leegliep, dat De Ghelderode uit je handen struikelde. Dat wij een pas de deux uitwisselden in de bus met linnen dak.

Een leven lang zocht mijn ziel asiel, maar ieder mens is de strenge hospita van zijn ziel.

Jij. Je was overal.

Ik weet het. Ik ben er geweest.

Wil de laatste minnaar op aarde de maan uitdoen?

*Met dank aan Arent Anthierens en Gabriel García Márquez voor het aandragen van maanbeelden.*

# JOOST ZWAGERMAN
# *Brief aan Susan D.*

AMSTERDAM, *-*-'87

LIEVE SUSAN,

Ikke? Jou verleíden – en dan nog wel per brief? Vooropgesteld dat ik jou altijd overal zal proberen te verleiden (ik weet helaas nog niet tot wat eigenlijk), voel ik me, 'natuurlijk, natuurlijk!', geroepen in de verdediging te treden – laat ik dan maar weer meteen huize eruditia binnenstormen, die verleiding waar je het over had, een kwartslag draaien en Roland Barthes er bij zijn nekharen bijslepen want die heeft het in *Het plezier van de tekst* immers over de erotische impact van het woord, nietwaar? Volgens Barthes heeft het woord een erotiserende werking 'indien het tot het uiterste herhaald wordt, of daarentegen indien het onverwacht, door zijn nieuwheid verrukkelijk is'. Alsof de tweedeling herhaling-tot-in-het-uiterste enerzijds versus uniciteit anderzijds niet geldt voor álles waar het genot betrekking op heeft! – ik bedoel, neuken met een volslagen 'nieuw' persoon, om maar het meest alledaagse te noemen, kan, theoretisch bekeken (en echter heel zelden in de praktijk, Susanneman, praatjesmaakster, dus prijs je maar gelukkig – jagh, dit mogen we niet zeggen, hoor!), een bescheiden openbaring zijn, terwijl een zelfde openbaring zich evengoed kan voordoen in, let's say, de eeuwige terugkeer der dingen, dus waarom iets dergelijks toeschrijven aan louter 'het woord'? Trouwens, Barthes meldt wel meer twijfelachtige dingetjes, en dat terwijl-ie zo'n ademafsnijdend boek heeft geschreven, *De taal der verliefden*, waarvan ik mij herinner dat jij, ja jij, kleine rat, opgedofte mooiheidsvrouw met je opnieuw geordende boekenkast, dat jij dus hebt gezegd het gelezen te hebben, of stond je nou juist op het punt het te gaan lezen? – anyway, ik zal je vertellen wat hij zegt over de twee manieren van lezen. We kunnen dus het klassieke verhaal volgen, dat wil zeggen dan lezen we evenzo lineair als de roman in kwestie is opgebouwd, bij voorbeeld *Madame Bovary*. Zo ontstaat er dan bij de lezende een ritme; heel losjes wordt er toegewerkt naar het eindpunt, alsof we, en nu komt de licht onsmakelijke vergelijking, 'een vrouw ontdoen van haar kleding, in de juiste volgorde'. In de juiste volgorde. Hij heeft een auto-ongeluk gehad, die Barthes. Maar goed, voor het overige kan men, in moderne, minder lineair geordende teksten, broksgewijs lezen. Zulk soort teksten worden, in tegenstelling tot de voornoemde roman, niet verslonden, nee, de lezer graast af, 'scheert af' (zegt Barthes), leest en herleest, kortom, er wordt niet in een juiste volgorde ontkleed maar in plaats daarvan openbaart zich zo nu en dan een stuk huid. Met de rust van een lezer van oude, strikt 'lineaire' verhalen, een 'verbrokkelde' tekst 'afscheren': zoiets noemt Barthes 'aristocratisch lezen'.

Goed. Van verleiding naar aristocratie – heb ik me er nu een beetje uitgeluld, of is je achterdocht inmiddels opnieuw gewekt? – eigenlijk wil ik alleen maar zeggen: zie maar hoe je deze brief leest. Als je af en toe een zinnetje meepikt, dan til je als het ware even m'n trui of m'n colbert of m'n weetikveelwat een weinig op. Lees je de hele reut van a tot z, dan ontdoe je me van m'n kleding, 'in de juiste volgorde' – ik wil wel effe strippen voor je op papier, madam, hoewel dit allesbehalve 'verleidelijk' is of zo, want in je eentje in je blootje is niet geestig (ik bedoel wel geestig maar niet geil – of wel geil, ik weet het ook niet). Begrijp intussen wel, Susanneman, dat ik hier het woord voer op laten we zeggen een literair level, waarbij ik wel weet dat we 'alles tussen ons' wat gaan temperen en zo – maar in het belang van mijn wat ik sinds een paar maanden durf te noemen schrijverschap (het is zo lekker oefenen, een brieffie) en niet te vergeten het schreeuwlelijkschap (het teut zo lekker weg, een brieffie), spreek ik je aan op de wijze die mij hier, op schrift, goeddunkt, dat wil zeggen ikke ik zal niet meer klagen huilen snotteren gaan, ikke ik moet zelfs zeggen dat je gelijk had in wat je had te zeggen (tellukuns neuken, tellukuns problemen), ofschoon ik maandag, zoals in de jongensboeken staat, een réuze slechte dag had, moet je weten, en niemand, ook niet Wiplala, Bob Evers, Rob Staalman, Arendsoog of Karl May (en niet te vergeten

Madelief), was er om te hulp te schieten, behalve Roland Barthes natuurlijk weer, maar aan intellectualiteit heb ik ook geen ene fuck – enfin, zó dus zal ik niet meer gaan klagen en mekkeren en wezensveel meer nog, ik beloof je, ik houd mijn mond. Geloof me, meisjesrat, ik ben het wérkelijk met je eens dat het juist is ons gewoon bezig te houden met wat 'aardig' en wat 'goed' is en niet het hoofd te breken over hoe het zit en waarom dit en hoezo dat en is het echt zo dat zus en zus en zo en zo – nou ja, dát soort dingen. In feite had ik ook helemaal geen réuze moeilijke maandag want na ons goddeloos lange telefoongesprek van die dag was ik opgefrist als een huisvrouw in een reclamespot en wilde me aan mijn ontuchtige belofte aan jou houden door eventjes genotvol en zondig maar wel degelijk straffeloos mijzelf op het ritme van de allerallervuigste gedachten en niet te vergeten het evenzo bedwelmende ritme van het zachtjes bonzen van mijn slapen want ik was inmiddels zooo moe geworden dat mijn kop er een beetje van bonkte – dat ik, kort gezegd, mijzelf onbarmhartig af wilde rukken (bloofd is bloofd, nietwaar), tot Momomonica, de liefste de mooiste de teerste, mijn levensliefde, de trap opkwam en, ik zag het wel aan haar wit geworden ontevredenheidssmoeltje, ruzie wenste te maken, wat we dan ook geduldig en gestaag deden, zo'n beetje tot aan de ochtend, waarna ik, als een regelrechte aubade aan jou, allerlieveling, alsnog de hand aan mijzelf legde, tevergeefs echter want na echtelijke twist is het lastig rukken. (Overigens vind ik het een droomwaardig en alleszins verheven idee te weten dat jij, terwijl ik aan de telefoon alle lievigheidsregisters opentrek, met je schildershandje tussen je koraalgelijke benen voelt en voelt, waarbij ik de gewaarwording krijg dat al die volslagen nutteloze opmerkingen over weetikveelwat en uitgesproken door jou die mij verteld hebt met een ononderbroken lach om je mond aan de telefoon te hangen en mij te woord te staan – maar goed (ontspoorde zin): terwijl we lekker viezig kletsen, bemerk ik weer de dwaze synchroniciteit van het vasthouden van de telefoonhoorn in de ene, en mijn avondmoeie harde pik in de andere hand. Zoiets geeft een gevoel van ondertiteling, aardig hè? Jij vertelt me onbelangrijke maar onmisbare en onnette onzin en ik doe de vertaling door zachtjes (nee, nog zachter, bijna onmerkbaar eigenlijk) en geheimzinnig en tegelijkertijd allesbehalve geheimzinnig en onstuitbaar openbaar mijn openbaarheid van dienst te zijn, wetende dat jouw geslotenheid aan de andere kant van de lijn zich opent en sluit en weer opent en – tot zover de vunzigheid; wat ik wil zeggen is iets heel anders maar dan moet ik een haakje van stal halen omdat ik, mijn god, een halve bladzij geleden er eentje heb laten openen, waarom weet ik al niet meer, maar desalniettemin sluit ik nu de boel hier af en keer terug naar vóór de haakjes:)

Ben je er weer? Ik had het over de ochtend na de ruzie met Monade (mijn Einzel-elixer) en over dat ik mijn schroomvalligheid aanvankelijk dus niet omhoogkreeg, maar we hádden tenslotte een afspraak en zodoende zong ik mij de leegte in, ik fabriceerde een ochtendorgassempje en had onmiddellijk daarna de neiging om eens te gaan schmieren op papier, in het geheel niet uitgebalanceerd maar wel tongue in cheek – en aangezien klaarkomen dan toch neerkomt op een ultiem moment van niet-bestaan (ha, daar komt-ie weer opdraven met zijn afwezigheidssensatie!), zag ik mij alweer ruimteloos in het eigen genot gedompeld worden, enfin, je ziet ik ben niet meer dan een bange burgerman of, meer nog, hoofse minnaar die slechts 't een of 't ander wil aanbidden, ik heb het nu dus over liefde, Susannig meisje van me, mijn vriendinnetjesvriendinnetje, ik heb het over liefde en zal je vertellen hoe ik mij die ochtend voorstelde dat mijn hele tijdsbeleving begon en eindigde bij jouw hevigzachtjes hijgen in mijn telefoonoor, niet ritmisch maar langzaam en langgerekt, wat bewerkstelligde een mentale toestand uitgedrukt door Dalí en zijn vloeibaar horloge, jawel, dat uurwerkje van hem was te vinden juist dáár waar ik in wil verdwijnen – hoe laat is het? Het is precies zó laat dat het nooit meer laat zal zijn, de plooien van jouw horlogemooie vloeibaarheid zijn geworden het altijddurend nimmermeer – o, je bent mijn geilheidsnirwana, mijn liefjesburgemeestertje van het woonoord nergenshuizen want weet je, als ik scheelkijk, zie ik mij en mijn huisschizofreen met jou tussen ons in: dakloos, bodemloos, allerhande gaan we eeuwigzingend loos, doorregen alle sprookjeswoorden, zomer, winter, alle tijd, je bent mijn zonnetijd, je bent mijn warme vachtje vol met niets, mijn ademloos gekuste minnaressenvacuüm mijn metafysisch liefdesbriefjesspiekertje mijn met koosnaam opgedofte kosmos mijn allerindividueelste zwijgmobiel met je quantumkleine hartje en je elektronenmooie vingertjes die mij onherstelbaar nergens naar op weg aaien, op en top op weg naar thuisloos thuis – mijn woonfantoom mijn droomsjabloon mijn eeuwigheidscliché mijn onverschrokken, overtrokken geilheidsmatinee mijn laatste zin mijn slotsignaal mijn opgetekend tekentje, mijn alles en mijn allemaal, mijn favoriete godsbeeld en mijn heiligschennend hemelwijf, mijn allerlaatste adem, mijn doodgaan en mijn wegzijn, mijn opgedolven graf mijn seksskelet en aanvalaarde, mijn meisjesprins mijn vrouwelijkheid mijn kringloopbiotoop mijn filosofisch handboek van het wezensschone sterven, mijn neukstertje mijn doodheidsideaal mijn liefjestaal mijn religiegrote sidderaal mijn visje mijn beestje mijn plantenrijk en hemelslijk, mijn godgelijk zo grote geilheidssjeik, mijn harem en mijn alle vrouwenogen in mijn ogen en mijn schildersmeisje waar ik voor bezwijk. Mijn waan. Mijn wonder. Mijzelf jij. Ik altijd. Altijd jij.

Oké, tot zover dus het schmieren. Kijk, als ik in de negentiende of liever nog in de zestiende eeuw had geleefd, was ik meer inpasbaar geweest, denk ik zo. Nu is alles om ons heen toch wat al te gemakkelijk te herleiden tot alweer een paringsritueel. Een volstrekt onoverwinnelijke aaneenrijging van volstrekt ontoelaatbare superlatieven kan heden ten dage ab-so-luut niet; tegenwoordig worden er tussen 'geliefden' zelfs deals gesloten over niet-meer-neuken, wist je dat? (Nu zou je me even moeten zien: ik zit stilletjes en hoofdschuddend te mopperen op mijn 'donderse' onverbeterlijkheid – de 'kwajongen', de 'deugniet'. De lul.)

Susanneman, jij vindt het toch niet errug dat ik hier door het lint ga – ik bedoel, dat ik mij een beetje over de rooie zit te schrijven? Jij hebt me eens verteld dat je soms zó snel in je dagboekie wilde schrijven dat je over jezelf heen struikelde, welnu, precies zo is het ecrituraal gezien met mij gesteld, ik typ en typ en mijn grote groene schrijfmachine duizelt ervan ik kan mijzelf ternauwernood bijhouden, het is alsof ik aan het skiën ben – ik laat me vallen. Over een uur of wat ga ik met het kabelbaantje omhoog en zie tot mijn allesoverwoekerende schaamte dat ik, naast alle parels, heel wat quatsch heb neergeschreven – zal ik maar gewoon stellen dat jij eventjes mijn uitlaatklep geweest bent? Nee! Wég dat woord, wat klopt aan deze brief is de basis, het juiste idioom, en dan zou ik nu mijn eigen schrijfselglazen ingooien door ineens lamentabel te gaan harken over dat je een 'uitlaatklep' zou zijn, en dat terwijl je niets anders bent dan mijn bevruchtingsfee (o, Sannetje), je laat mij niet uitlaatklepperig maar wel onvermoeibaar schrijven waar ik meestentijds zit te zuchten en te steunen op een enkel woord en hier eens wat wegstreep en daar een likkie *Tipp-Ex* en hupsakee! ten slotte een vel papier verkreukel – wat verkwikkend om nu eens niet te hoeven stoppen, al doe ik dat zo dadelijk maar wel want de orgastische woordbrij ligt op de loer, en dat terwijl ik je nog zo had beloofd je nu eens te vertellen over de door J.D. Salinger in het verhaal 'The Daumier-Smith's grey period' opgeschreven Wezenlijke Ervaring, teweeggebracht door de aanblik van de jongedame in de etalage van de winkel met orthopedische hulpstukken.

Dit brengt me op het volgende: heb jij weleens iets gebroken? Ik wel. M'n vingers – maar dat heb ik je geloof ik al verteld. Mijn briefjeshart is gelukkig nog intact, daarom moeten we maar eens iets echts gaan doen binnenkort, en dan bedoel ik niet gezamenlijk communistisch of jiddisch worden of zo, laat staan de citatenbeerput uit de achtentwintigste hand erbij te slepen, ik bedoel dus, we moeten niet praten over 'afgeleid leven' en over 'kunst', nee, ik vind dat we het eens over de financiën moeten hebben: jij bent tenslotte een regelrecht Wirtschaftswunder en ook nog eens een beursmirakel, gedijend in de economische constellatie die genoemd wordt laissez faire, laissez passer.

Zo. Toch nog op de valreep iets Zinnigs gezegd. Wist je trouwens dat bij mannen het emotionele fluïdum wordt opgenomen door de hersenen, en bij vrouwen door het hart? Zelf bij Stendhal gelezen. Was ik maar een vrouw. Je weet, ik zou bij wijze van spreken m'n halve godsbesef ervoor overhebben om eens een paar weken lang een vrouw te zijn, liefst een negerin van vijfentwintig. Een van de meest ingrijpende opdrachten die ik mijzelf heb gesteld, is dat ik ten minste één keer in mijn leven klaar moet komen als een vrouw – hierdoor zal ik waarschijnlijk een heleboel mensen aardig gaan vinden en ook van veel meer dingen om me heen gecharmeerd zijn, vrouwen zijn altijd zo altruïstisch na een orgasme. Ik heb eens een verhaal gelezen van een jongen die, na een trip te hebben genomen, de onstuitbare behoefte kreeg zich zachtjes te masseren onder, ja ónder zijn kloten, omdat hij daar van die tergend gelukzalige tintelingen voelde. Het leger en de maatschappij maken een man van je, maar van de LSD word je lekker een meisjesbeest met echte meisjesseksneigingen. Was ik maar een vrouw, dan waren we tenminste twee potten en dan konden we 'ergens voor vechten'. – Nu ben ik zo moegeschreven dat ik weer over vrouwen begin te zaniken maar dat komt misschien wel omdat ik zo graag wil afsluiten met te vermelden dat ik vandaag al veel minder dramatisch aan je (aan jou, mijn allervrouwigste vrouw) heb gedacht, echt waar, het denken en zo wordt al minder heavy, ik heb alleen nog maar gedroomd dat ik zwanger van je was en dat ik je een kind schonk – je had het niet hoeven aannemen, hoor. Had ik een ander cadeautje voor je gekocht. Nu geef ik je tot slot enkel een paar kussies, op je ogen en eronder ook en op je dienstmeidenwangetjes – en ook, of je het wilt of niet, dáár, opnieuw, omdat ik zin heb mijn hoofd te laten verdwijnen. Dag mijn lieve kleine griezelfilm, dahag! Plotseling heb ik zin om errug bang te worden en word het ook onmiddellijk omdat ik mij voorstel dat je, zomaar, onverwacht, onder een auto komt en je hoofd zit vol met bloed en je been is zo gek geknakt en je ogen weggedraaid en —— nu moet ik werkelijk stoppen want het lukt me eindelijk om weer eens een beetje te janken. Dag jochie. Je bent mijn winterliefde.

ELLY DE WAARD

# *Brief aan een mevrouw*

MEVROUW,

Ik weet dat u naar mij keek; ik heb u naar mij zien kijken.

Ik hoef u er niet aan te herinneren dat dit tijdens de gezongen hoogmis van afgelopen zondag was.

U zat naast uw man op de derde bank van voren en ik heb u meerdere malen naar mij om zien kijken. Misschien vroeg u zich af wie ik was, misschien kende u mijn gezicht van een foto of anderszins, misschien had men u mij beschreven.

Na de mis heb ik mij achter u aan gerept en hoewel u snel in de gereedstaande auto was verdwenen, heb ik toch voldoende gelegenheid gehad om uw schoonheid te onderkennen. Voor zover uw blikken dan al niet genoeg waren geweest, want die troffen mij zoals Petrarca misschien door die van Laura getroffen was. En sindsdien staat uw beeld mij voor ogen en lig ik te woelen in mijn bed.

Ik kan u zeggen dat uw schoonheid en langbenigheid bij mijn weten haar weerga niet kennen in West-Europa, en dan bedoel ik inclusief Frankrijk en Italië.

Ook bent u gekleed naar mijn smaak, dat wil zeggen elegant, maar toch niet overdreven. 'Understated' zouden de Engelsen zeggen, maar het Engels is een zoveel minder mooie taal dan het Nederlands.

Een ongeoefend oog zou licht voorbij kunnen zien aan de zorg en de verfijning die er in uw kleding gestoken zijn; de wijze waarop zij op uw vormen is toegesneden; de smaakvolle kleurencombinaties; uw kousen; uw hakken. En dan: de wijze waarop u erin loopt!

Enfin, u weet dit alles zelf en het gaat dus niet aan u dit nog weer eens mede te delen, behalve dat eruit blijken mag dat ik het heb gezíen.

Het kan nu zijn dat u zich afvraagt: waar haalt die blaag de moed vandaan? – maar ik ben een dichter, mevrouw, en schoonheid, de schoonheid van vrouwen in het bijzonder, is mijn vak.

Intussen wil ik er rond voor uitkomen dat ik u begeer. Ik zou niets liever doen dan mij dadelijk met u in de biechtstoel terugtrekken om de praktijk van het zondigen en de zonden van het vlees eens diepgaand met u door te nemen.

Maar ik zal het ook zeer waarderen – wat zeg ik? heel spannend vinden! – als u zich eerst enige tijd zedig en weigerachtig opstelt, zoals het een echte vrouw betaamt. U hebt daarbij een goed excuus. Van mannen bent u het immers gewend dat zij naar uw aandacht dingen, maar van vrouwen niet. U zult mij voorhouden dat u getrouwd bent, dat u zo niet bent, maar dit alles zal mij alleen maar des te meer prikkelen omdat ik onder uw steeds herhaalde weigering voel dat het idee om met een andere vrouw de liefde te delen u geleidelijk aan gaat beheersen. Totdat u op een dag zult merken dat uw nieuwsgierigheid – die moeder van alle ontdekkingen – is veranderd in verlangen.

Ik beloof u dat de tedere stormwind die in mij huist dan over u ontketend zal worden en dat u geen spijt zult hebben van uw avontuurlijkheid.

Maar laat ik niet te zeer op de zaken vooruitlopen. Ook al wil ik graag alle geheimen die uw schoonheid verborgen houdt onderzoeken en kennen, ik wil eerst uw stem horen, uw ogen van nabij zien, uw gebaren ondergaan.

Ik moet u iets bekennen. Ongeduld is mijn slechtste eigenschap, maar haar keerzijde, de onstuimigheid, beschouw ik helaas als een deugd. En omdat ik er maar niet toe kan komen deze deugd, en dus ook deze ondeugd, in mijzelf te verwerpen – omdat ik zelfs van ze houd – berokkenen ze mij vaak veel schade omdat ik ze, door hun aard, natuurlijk slecht beteugelen kan.

Hebt u dus, lieve mevrouw, geduld met mij. Laat u niet door mijn driestheid uit het veld slaan. U moet maar zo denken: Als u zich door mij laat veroveren, dan lig ik aan uw voeten! Stel integendeel tegenover mijn onbesuisdheid uw heimelijkheid. Schrik niet terug voor mijn hartstocht. Help mij juist die in te tomen.

Maar wil mij nu wel onverwijld laten weten of het u schikt

om aanstaande donderdag bij mij de thee te komen gebruiken, ter eerste nadere kennismaking.

Ten luchtigste uw dichter

# LEO PLEYSIER
# *Zotte kont*

MAANDAGAVOND

LIEFSTE PATRICK,

Ik wou dat ik elke avond bij u kon slapen.

De zondagavond dan zit gij altijd in de frituur.

Hebt ge deugd gehad eergisteren met mij?

Frans L. heeft ook deugd gehad van Ingrid P., vertelde hij tegen mij.

Gij moet maar rap met mij serieus vrijen, dan zal ik altijd bij u blijven. Dat heb ik nog het liefst van al.

Den Danny zei ook nog dat gij volgende zaterdag naar het jeugdbal in P. zoudt gaan.

Ik zal dan maar zien dat ik er op tijd ben. Wat zou ik aantrekken? Ziet ge me graag met mijn haar kort? En mijn rokje ook?

Uw liefste schat,

Sylvie

ZONDAG

LIEFSTE PATRICK,

Gij waart niet op het bal in P. Waar waart ge dan wel?

Ik heb heel de avond op u zitten wachten. Den Danny zei dat gij zeker nog zoudt komen. Maar ge kwaamt niet.

Achteraf ben ik met Peter dan maar naar huis gereden. Hij heeft een toffe auto. Met zo'n knaller van een Pioneer daarin. Ik zal maar niet vertellen wat hij allemaal nog geprobeerd heeft met mij.

Ik word stapelgek als ik u niet gauw terugzie. Mijn moeder zegt dat ik zo zot ben als een deur.

Uw liefste schat,

Sylvie

MAANDAG

PATRICK MIJN LIEF,
Het was weer heel plezant om u terug te zien, gisterenmiddag. Alleen hadt ge na de voetbal wat te veel gedronken, vond ik. En ik vind het ook niet prettig dat ge in het gezelschap van uw kameraden zo zit op te scheppen altijd.

Frans L. was plezanter gezelschap. Hij was met Ingrid eerst naar de jeugdclub en daarna naar dancing The Jukes gereden. En achteraf hadden ze hard gevrijd in de auto, vertelde ze mij.

Kom mij zaterdag ook halen. Ik zit gereed. Ik sta op scherp voor u.

Sylvie

ZONDAGAVOND

LIEFSTE PATRICK,
Gij gingt nogal tekeer gisterenavond toen we daar buiten in het donker tegen de muur stonden te vrijen. Ik voel het ook vandaag nog. Zo groot. Gij hadt veel deugd precies. Gij wist van geen ophouden. Mijn rok is gescheurd en de rug van mijn bloes zag helemaal vuil en groen van het mos. En toen ik thuiskwam, was ik van alles kwijt.

Als ge met mij getrouwd zijt, moogt ge van mij zo dikwijls als ge wilt. Ik heb geen zin om naar het atelier te gaan morgenvroeg. Dat gezaag van de ploegbaas ineens zo beu als iets. Ik heb geweend en ik weet niet waarom. Ik zou bij u willen zijn. Bij u. Stilzitten. En zwijgen. En alleen maar uw hand vasthouden.

Uw liefste schat,
Sylvie

VRIJDAG

LIEVELING,
Het is spijtig dat gij achteraf altijd zo rap naar huis moet en dat ik met u dan niet kan samenslapen. Ik ben zo eenzaam zonder jou.

Ingrid en Frans L. is terug af, zei Ingrid.

Hij had frigide trut gezegd tegen haar. En zij slappe lul tegen hem. Nu kan hij weer uitgaan met zijn vrienden.

Kom mij oppikken met de brommer morgenavond om zes uur. Ik wacht op u. Laat mij nu toch niet alleen.

Sylvie

MAANDAGAVOND

BESTE PATRICK,

Frans L. zei me dat gij met Ingrid gevrijd hebt.

Ingrid zei van niet.

Wie moet ik nu geloven?

Ik zag u gisteren ook weer in de frituur zitten. Met Eddy en Nadine. Ik durfde niet binnengaan. Ik heb buiten op de stoep nog een tijd staan wachten. Maar het regende te hard.

Ik ga dood als het waar is.

Niemand houdt nog van mij. En gij? Ik kan niet geloven dat het uit is tussen ons. Pak mij. Eet mij op. Sla mij. Rijg mij aan uw speer. Als gij niet van me houdt, is er niemand meer.

Sylvie

VRIJDAG

Komt ge? Of komt ge niet meer?

Ik hoop toch dat ge komt.

Sylvie

ZONDAG

DAG PATRICK,

Nu is het uit met ons. Gisteren ben ik met Eddy naar The Jukes geweest. Keiharde muziek en veel toffe knullen daar. Maar Eddy was met mij.

Ik hoop dat ge niet kwaad zijt op mij en Eddy. Het werd heel laat en achteraf zijn we samen in de auto van Peter misschien wel met honderdveertig naar huis gereden.

Eddy komt zaterdag terug, heeft hij beloofd.

Ik weet niet of ik wel verliefd ben op hem. Als hij me in zijn armen neemt, denk ik nog altijd aan u. Ik had geen deugd ook niet. Ik deed maar alsof. Maar voortaan wil ik het toch proberen.

Als gij Ingrid beu zijt, moogt ge altijd terugkomen.

Zotte kont, zeggen ze thuis tegen mij. Laat ze maar zeggen.

Sylvie

GEERTRUI DAEM
# *Lieve Rik, lieverik*

Ik loop rond in huis alsof het 't mijne niet meer is. Of beter, alsof ikzelf, sinds 'onze' memorabele dinsdag – mag ik dat zeggen? – iemand anders ben, die hier pas woont.

Ik moet de vaste plek van stoffer en blik opnieuw zoeken, en de afstand tussen gootsteen en gleiswerkkast verrast mij telkens weer. Er zijn nu al drie glazen gesneuveld. Het wijnglas waaruit gij dinsdag gedronken hebt, brak eerst. Mogen scherven geluk brengen!

Velerlei gedachten malen onophoudend door mijn hoofd. Over u en mij. Er lijkt geen eind aan te komen.

Zeker honderd maal heb ik u nu al voor de eerste keer in het deurgat zien staan; om u evenveel keren weer binnen te laten. Altijd opnieuw zie ik ons samen op de sofa in de living zitten. De fles bourgogne wordt nóg maar eens leeggedronken.

Met wijzigingen, uitbreidingen én correcties spelen die herinneringen door mijn hoofd. Wat we tegen elkaar zeiden, misschien hadden willen zeggen.

Hoe het voelde wanneer gij me de eerste keer stilletjes aanraakte. Hoe snel het ineens allemaal ging. Schroom leek de kop ingedrukt, dinsdagnacht, dacht ik. Maar nu ik erover wil spreken, ligt die weer levensgroot gereed op de loer.

Ge hebt mij nog niet gebeld. De radio staat altijd zacht en de deur naar de gang blijft open, zo kan ik de telefoon ook boven horen.

Misschien hebt ge toch gebeld, terwijl ik boodschappen deed. Naar de Centra, op het dorpsplein. Ik moet er met de fiets naar toe. Het is een heel eind. Echt veel kan er niet in de mand en de zijvakken, dus heb ik meerdere keren gereden om Elza's hele voorraad bourgogne op te kopen. Ze vroeg of de kinderen misschien kwamen barbecuen, met die schone dagen. Ik heb haar maar in de waan gelaten. (Ze noemen haar hier niet voor niets het Gesproken Dagblad!)

Maar ik zag in de spiegel boven de kassa dat ik mijn lach moeilijk kon inhouden en dacht: 't Is precies hetzelfde lepe lachje als van Brigitte, mijn oudste, in de tijd van haar eerste afspraakjes met die jongen van het college. Moet ge daarvoor nu zo oud geworden zijn, dacht ik ook nog. De wijn staat al te chambreren.

Waarschijnlijk is het juist goed dat ge niet belt. Het betekent dat er niets tussen is gekomen en dat ik u vrijdag mag verwachten.

Toch zit ik soms te twijfelen, naast de telefoon. Zou ikzelf niet eens bellen? Alleen maar om uw stem te horen. Het is raar, maar ik kan mij uw stem niet meer herinneren.

Weet ge, Rik, uw gezicht zie ik zó voor me; nu nog kan ik uw aanwezigheid voelen; maar met uw stem lukt het niet. Daar zult gij wel geen moeite mee hebben, zeker? Ik bedoel, ik heb veel gekletst, hè? Te veel. Ik weet het. De kinderen zeggen weleens dat ik verschrikkelijk kan doorratelen, soms zelfs twee keer hetzelfde vertellen.

Dat komt omdat ik weinig mensen zie, maar ook van de zenuwen.

Dinsdag was het wel degelijk van de zenuwen. Ik weet al niet meer wat ik allemaal heb uitgekraamd in het begin, om mijn alteratie weg te steken. Ik hoop dat ik u met mijn gebabbel niet heb afgeschrikt.

Stopt er toch mee, dacht ik gedurig, hij gaat iets verkeerds van u denken, maar ik kón niet zwijgen.

Ook dat zie ik altijd opnieuw gebeuren. Gij zit gereserveerd op de sofa, een beetje gegeneerd. De woorden stromen mij ongecontroleerd uit de mond terwijl gij sprakeloos toekijkt en verstijft. Ik verzuip in mijn eigen woorden. Toe, zeg alstublieft dat het niet zo erg was. Of hoogstens alleen in 't begin.

Ge zijt mij rap met uw heerlijke wijn te hulp gekomen. Een man van weinig woorden, maar heel attent. Dat eerste glas heeft mij subiet gekalmeerd. Normaliter kan ik niet tegen wijn die naar het hoofd stijgt. Daar word ik slaperig van. Dinsdag niet.

Ge zijt beginnen vertellen, over uzelf en over uw leven.

Dat ge mij een aantrekkelijke vrouw vindt, hebt ge gezegd. Een bijzonder aantrekkelijke, levendige vrouw. Er is toch iets nasaals in uw stem, meen ik me te herinneren.

Ik wil u zo graag horen, zien... Lieve Rik, het gevoel u dichtbij te weten, dicht bij mij te kennen, overvalt me geregeld. Dat gevoelen slaat in mijn buik, als een vreemd zachte pijn. Daar zijn wel woorden voor, maar ik weet ze niet te gebruiken. En als ik het al ooit geweten heb, dan kan ik het nu niet meer. Mijn hoofd zit vol en ik weet niets met zekerheid. Alleen dat het goed was, gij en ik samen. Heel goed en al wat ik wil. Als ik zeg wat ik zo graag wil zeggen, als ik het uitspreek, ben ik bang dat het terzelfder tijd weg is.

Wat dééd ik in godsnaam vroeger, vraag ik me af. Hoe kreeg ik vóór dinsdag mijn dagen gevuld? Ik kan profiteren van mijn vervroegd pensioen, zei ik tegen iedereen die ernaar vroeg.

Hoe kort ik nu mijn tijd? Hoe hou ik het uit tot vrijdag?

Ik voel me gewoon onsterfelijk belachelijk. Na een eerste rendez-vous! Via een contactadvertentie! Deft. elega. volsla. dame 56 gd milieu huisel. brede inter. zkt serieuze eerl. vriend.

Toch kan ik vrijdag weer de gelukkigste vrouw van de wereld zijn.

Er wacht mij tot ik u weerzie nog een zee van tijd, lieve Rik. Een zee van tijd waarin de telefoon kan gaan of niet gaan. Waarin ik de twijfels in de carrousel van mijn hoofd probeer te bezweren. Waarin ik het beeld in de spiegel moet proberen te negeren.

Wat denkt de deftige, elegante, volslanke dame wel? Hoeveel jaren van gedwongen samenzijn en wettige echtscheiding denkt ze nog te recupereren? Kijk naar uzelf en laat mij niet lachen, gebiedt mijn verstand. Dikke Pens noemde hij, de voormalige wederhelft, u twintig jaar geleden reeds. Zijt ge 't vergeten?

En het gooi- en smijtwerk? Ge moogt de keuken jaar na jaar opnieuw behangen hebben, huiselijke volslanke dame, ge kunt nog altijd blindelings wijzen waar de koffievlekken, naast uw kop, tegen de muur spatten.

Denkt ge dat dan te kunnen vergeten? Als bij toverslag? Zoals ge uw chronisch vaginisme vergeten zijt, toen de eerste de beste – gecontacteerd via het *Groot Advertentieblad* – het over uw mals mollig lijf had?

Oma van zesenvijftig, met uw brede interesse, bekijk uw doorgezakt lijf in de spiegel; ga eens na hoe serieus en eerlijk die vriend van u is!

Ik wil het niet zien! Ik wil het niet horen!

Ik hoop, als het eindelijk vrijdag wordt, Rik, dat ik nog in uw ogen durf zien.

Ik verlang zo naar u.

Maria

REMCO CAMPERT

# *Correspondentie*

AMSTERDAM, FEBRUARI 1994

CAROLINE!

Laat ik maar meteen met de deur in huis vallen, want dat is zo mijn gewoonte als ik iets op mijn lever heb – en dat hèb ik, meisje.

Ik voel me namelijk onaangenaam getroffen (om geen krachtiger uitdrukking te gebruiken) door het feit dat ik nog altijd geen liefdesbrief van je heb ontvangen. Ik ervaar dit als een voor mij beledigende situatie.

Tot nu toe hebben we drie keer in elkaars nabijheid verkeerd, iets dat je niet ontgaan zal zijn. Vanzelfsprekend had ik na de eerste keer al een brief van je verwacht, maar tot mijn verwondering bleef deze uit. Verwondering, meer was het niet, die echter in lichte ergernis veranderde toen je ook de tweede gelegenheid die zich aanbood niet te baat genomen bleek te hebben. Nog was ik bereid de hand over het hart te strijken, maar nu je ook de derde kans om mij op de hoogte te brengen van je tedere gevoelens jegens mij hebt gemist, is de maat vol. Een man kan veel hebben maar eens breekt het moment aan dat de grens van zijn begrip en geduld bereikt is – en in dit geval zelfs overschreden. Je hebt me diep gekwetst en mijn zelfrespect staat me niet toe het hierbij te laten.

Ik heb er behoefte aan de drie door jou gemiste kansen nog eens even kort samen te vatten. Ik ben me ervan bewust dat dit je pijnlijk zal treffen, maar dat heb je geheel en al aan jezelf te wijten. Misschien leer je er iets van, hoewel ik me daarover weinig illusies maak. De voornaamste kenmerken van jouw generatie zijn oppervlakkigheid en domme harteloosheid. Ik had gehoopt dat jij de uitzondering op de regel zou zijn, maar in die verwachting ben ik bitter teleurgesteld. Dat verwijt ik niet alleen jou, maar ook mijzelf: met mijn wijsheid en kennis van de wereld had ik beter moeten weten. Het zij zo.

De eerste keer dat ik je zag (en dat je *mij* natuurlijk zag, want als bekende Nederlander ben ik niet over het hoofd te zien) was in de hal van de Stadsschouwburg bij de première van *Ellendemol*, het nieuwe montagestuk van Gerardjan Rijnders over de wereld van Joop van den Ende en John de Mol. Je trof me als een jonge vrouw met een bijzondere uitstraling. Je liet je vergezellen door een iele, puisterige knaap. Zijn aanwezigheid deed niet af aan je aantrekkelijkheid, integendeel, bevestigde deze juist. Ik passeerde je rakelings en hoorde hoe hij je aansprak met 'Caroline'. Ongetwijfeld moet je toen al die knappe rijzige verschijning in de kracht van zijn jaren, voorzien van een wandelstok vanwege een voetblessure die ik had opgelopen tijdens een sportief weekend in de Ardennen, zijn opgevallen. Je was diep onder de indruk. Ontken het maar niet: ik weet uit ervaring dat mijn mannelijke schoonheid grote uitwerking heeft op het zwakke geslacht. Je hoeft je er niet voor te schamen, meisje. In de zaal zat ik op de eerste rij, geflankeerd door Mary Dresselhuis en Ischa Meyer. Ook toen moet je me gezien hebben omdat ik enige tijd talmde met plaatsnemen; het behoort nu eenmaal tot de plichten van de bekende Nederlander om zijn fans van tijd tot tijd de gelegenheid te bieden hem te bewonderen. Ben ik ver van de waarheid als ik zeg dat het je daarna moeite heeft gekost om je aandacht bij het stuk te houden? Ik denk van niet en daarom verwonderde het me, zoals ik al in de aanhef schreef, dat je liefdesbrief uitbleef. Onbekendheid met mijn adres kan het probleem niet zijn geweest; betere mensen dan jij blijkt te zijn hebben mij weten te vinden.

Je tweede kans kreeg je op een middag bij de boekhandel *Hugo Claus and Company*. Daar signeerden toen mijn goede vrienden Cees Nooteboom en Harry Mulisch hun in onderlinge samenwerking geschreven achtdelige romancyclus *De ontdekking van het ritueel*, zoals je weet of geacht wordt te weten een stoutmoedige poging om de nationale en de internationale boekenmarkt niet langer in wedijver maar in gezamenlijkheid te beheersen, dit alles onder het motto 'eendracht maakt macht'. Jij stond, ver van de horde, de kunstboeken af te stoffen waaruit ik opmaakte dat je in dienst was van de boekhandel. Ik stelde me voor jou duidelijk zichtbaar op bij de afdeling poëzie waar ik aandacht veinsde voor een bundel van Jean-Pierre Rawie, je aldus de gelegenheid gevend mij aan te spreken. Daar zag je om jou moverende redenen van af, redenen die ik op dat ogenblik eerbiedigde, ondanks het feit dat ik onbekend met ze was. Ik mocht ervan uitgaan dat je brief na deze tweede ontmoeting niet lang op zich zou laten wachten; zo kan zelfs deze mens zichzelf bedriegen. In de chaos die vervolgens ontstond toen onze topauteurs, opnieuw in eendrachtige samenwerking, een literair redacteur van het *NRC Handelsblad* aanvlogen verloor ik je uit het oog. Helaas, zeg ik nu, niet voorgoed.

De derde keer dat je mij zag was tijdens de Nieuwjaarsreceptie van het gemeentebestuur van Amsterdam in het Concertgebouw, ruim een maand geleden. Ik was in diepgaand gesprek met de burgemeester over de toekomst van Nederland in het algemeen en die van Amsterdam in het bijzonder (later voegden zich nog de Commissaris van de Koningin in Noord-Holland en de voorzitter van het bestuur van de Partij van de Arbeid zich bij ons om deel te nemen aan de door mij geëntameerde discussie). Jij was bij die gelegenheid een diergenen die rondgingen met de champagne. Ik wenkte je om ons een verversing te brengen, maar juist op dat moment keerde je ons de rug toe (ik denk dat enige schaamte voor je gedrag tegenover mij daar niet vreemd aan was), waardoor je de mensen die je niet goed gezind zijn in één klap hebt weten uit te breiden met een burgemeester, een commissaris en een voorzitter. Als het niet zo in- en indroevig was zou ik erom lachen. Het behoeft geen betoog meer dat ik ook na deze feestelijke bijeenkomst geen brief van je heb mogen ontvangen. Als man ben ik natuurlijk tegen je botheid bestand, als bekende Nederlander echter voel ik me diep gegriefd. Het is duidelijk dat je niet wilt inzien waar je belangen liggen. Mocht je tot inkeer komen en mij alsnog een liefdesbrief willen doen toekomen, wees er dan van verzekerd dat ik die brief ongelezen terug zal sturen. Ik wens je een door schuldgevoelens geteisterde Valentijnsdag toe.

P.S. Je adres kreeg ik van de boekhandel.

# CORNELIUS BRACKE
## *De eerste liefdesbrief*

ALLERLIEFSTE CORNEEL,
Hoe infaam de mensheid is, valt uit vele tekens af te lezen, maar niets weegt zwaarder dan de blindheid, de oppervlakkigheid en de zelfvergooiing van mooie vrouwen. Ik denk nu vooral aan jou, Corneel, zoals ik altijd aan je denk.

Uiteraard is het een onbevattelijke schande dat dit de eerste liefdesbrief is die je krijgt in je leven. Het is meer dan een schande, het is een groteske paradox, een perfide speling van de verkwistende natuur zoals de kinderloosheid van Dolly Parton, toegerust als geen andere vrouw tot zogen, terwijl jij, Corneel, in de wieg werd gelegd om geliefd, bemind, aanbeden en vereerd te worden, het zou je allemaal geen enkele moeite hebben gekost, maar helaas, daar loopt een zwarte Mozart door de brousse, een Van Gogh staat bij het groot vuil, de Graal zit in de milieubox.

Waartoe? Waaraan? Het moet de afgunst van de goden zijn geweest die koste wat het kost verhinderen wilde dat een bijzonder gelukte man als jij, Corneel, zou paren met een even weelderig toebedeelde vrouw: het oogverblindende kroost dat daaruit resulteerde, zou de goden in alle opzichten naar de kroon steken. Want zie, ze gaven je de mooiste ogen, Corneel, ogen die zelfs een klomp klei, koud en grauw, zouden omtoveren tot een aantrekkelijk wezen dat ons met ontzag en ontroering overspoelen zou. Ook al dreven ze in tomatensoep, dan nog! Maar verre van in klei of soep zitten je blikaanzuigende ogen in het kostbare schrijn dat jij je gelaat mag noemen, Corneel, en zoals de alleraardigste vlinder niemand aan een rups doet denken, of het Lam Gods aan een warrige kinderkrabbel, zo veegt ook de aanblik van je stralende gelaat alle connotaties uit die te maken hebben met Darwin en zijn apen.

Een God heeft je geschapen, Corneel, en nog altijd zit hij zich op een rotsblok af te vragen hoe hij dat in godsnaam deed, wetende dat hij die volmaaktheid nooit meer zal kunnen evenaren. Je huid, Corneel, je huid! Mooier dan ogen ooit kunnen bevatten nodigt haar fluwelen glans tot vingertasten en tot likken uit, tot ruiken. Je geur, Corneel! Ik bedoel niet eens je buikgas, al zijn van alle menselijke winden alleen de jouwe mij een streling voor de neus, alsof ook het fijnste voedsel nog een meerwaarde krijgt in jouw vlokkige spelonken. Maar ik bedoel vooral je verse zweet dat zich onophoudelijk ophoopt in je okselholten, dat oleofactorisch schandaal zo rijk als Katanga aan ertsen en mineralen, het drijft als een hitsige muskusmist over het land en prikkelt mens en dier gelijk hun zinnen, de dagdromende naaister en de uitgeschachte hengst, je zweetgeur gaat de wereld rond en niemand die zich realiseert waar die plots aanvloeiende drift vandaan komt.

Alleen ik, Corneel, fluister je naam in liefdesnood, en niemand weet hoezeer ik vlees tegen vlees wil schurken, hoezeer ik maar al te graag je... helaas, Corneel, zo dichtbij en zo veraf, hoezeer ik ook verlang naar jou, mijn mond komt steeds te kort, mijn uitgestulpte lippen kunnen niet aan je tippen en – ware liefde kent geen jaloezie – zelfs het besef dat niemand anders je gerieft, verzacht mijn droefenis helemaal niet.

Groot zal je ontgoocheling zijn als je te weten komt wie je dit smachtend briefje schreef. Maar wie nooit eerder een liefdesbrief heeft ontvangen, moet nu maar niet kieskeurig worden en zich van lieverlede laven aan de bron die zich aandient. Weet dat er tenminste iemand is die niet kan leven zonder jou, en weet dat dit geen pretje is, want liever schreef ik aan een mooie vrouw, die van de bakker bijvoorbeeld, maar dat weet je wel.

Je allerliefste poezevoetje,
Cornelius Bracke

## HUGO MATTHYSEN

# *Brief met de edelste motieven*

GEACHTE JUFFROUW,

Misschien vindt u het een beetje vrijpostig dat ik deze brief stiekem in uw jaszak heb laten glijden, maar ter verontschuldiging: ik heb de edelste motieven.

U kent mij niet, en u vraagt zich misschien af wat we met elkaar te maken hebben. Het antwoord is eenvoudig: heel veel! We zitten elke dag twee maal op dezelfde trein. Ettelijke uren hebben we al samen doorgebracht. Verder hebben we dezelfde interessen. Ik weet dat u financiële wetenschappen studeert; ik heb u vaak in uw cursussen zien bladeren. Welnu, ik bekleed een niet geringe functie bij een bank met internationale vertakkingen. En alsof dat al niet volstaat, ik heb u dikwijls over concerten horen praten (vergeef mij, in zo'n volle trein móet je wel horen wat je medepassagiers vertellen), en wat wil het geval: ik ben ook een muziekliefhebber! Ja, we hebben veel gemeen. Weliswaar was geen van de door u vermelde ensembles mij bekend, maar dat betekent enkel dat u mij kan verrijken met uw culturele bagage. Ik zou u ook kunnen verrijken. Ik begrijp best dat alleenwonende studentes het niet breed hebben, alles is bespreekbaar.

Ik heb zeer veel interessante hobby's. Ik denk hierbij spontaan aan mijn mooie verzameling handwapens, aan gastronomische weekends, tv-programma's over gerechtszaken en nog veel meer. Verder ben ik een zeer sociaal mens. De medemensen blijven mij boeien, en al hou ik me vaak op de achtergrond: ik ben een gepassioneerd observator.

Lieve juffrouw, laat mij ter zake komen: ik bemin u. Mijn gevoelens voor u worden elke dag sterker. Deze energie stapelt zich op en zoekt een uitweg. Dat vreet aan mij, dat maakt me ongelukkig en ja, soms zelfs een beetje boos. U hebt dus een zekere verantwoordelijkheid tegenover mij: u hebt in mij de diepste, nobelste, meest waardevolle emoties losgeweekt, en het is uw zoete plicht dienovereenkomstig te handelen.

Ik wil open en eerlijk met u zijn. Liefde betekent voor mij grenzeloze liefde. Dat impliceert dat ik met u niet alleen de diepten der ziel maar ook het rijk van Eros wil verkennen. Tot in de verste uithoeken. Ach, ik weet zeker dat we het ook op dat vlak goed met elkaar zullen kunnen vinden. Want, lieve juffrouw, u weet maar al te best hoe het eraan toe gaat op een volle trein. Meermaals zag ik me in een positie geplaatst waarin de mensenmassa mij tegen u aandrukte. Telkens weer kreeg ik dan een voorsmaakje van het mysterie uwer lichaamsvormen, telkens weer ging er dan een schok door me heen, een klein voorschot op een onnoemelijk geluk. Enkele keren mocht ik de geur van uw parfum opsnuiven, en vorige lente – ja, ik ken u al lang – heb ik vaak in de diepten van uw halsuitsnijding mogen blikken. O duizelingwekkend uitzicht! (U weet wel, u droeg toen vaak dat gebloemde jurkje dat u bij het opstaan telkens een beetje omlaag moest trekken.) Eén keer heb ik onder dwang van de drukte mijn gelaat in uw prachtige haar moeten planten. Dat was in diezelfde periode. Het duurde slechts heel even, maar het was een totaalervaring. Die zomerse geur! Dat frisse, maar ook dat beetje zweet! Uw lieve oortje op slechts enkele centimeters van mijn lippen, die enkele sproetjes, dat schouderbandje waarvan ik de taak benijdde... Ja, nu moet u vast lachen, maar het is mij bittere ernst. Ik heb mij toen niet laten gaan, want ik respecteer u. Hoeveel moeite kostte het me toen niet om me te beheersen. Ik sidderde, ik ontplofte haast. Welnu, deze spontane siddering bewees op een overtuigende manier dat het fysisch tussen ons zou kunnen klikken.

Juffrouw, begrijp mij niet verkeerd, ik heb het niet over ordinaire seks. Nee, uw lichaam is voor mij een altaar, een hoogheilig altaar waarop ik mijzelf wil offeren, een altaar dat ik wil zegenen en balsemen met bitterzoete oliën. Uw lichaam is de ruwe akker waarop de eenvoudige landman zwoegend zijn geluk vindt, uw lichaam is een verkwikkende herberg voor de eenzame reiziger.

Lieve juffrouw, ik weet dat dit briefje u benieuwd maakt. Welnu, ik wil niets liever dan tegemoetkomen aan uw verlangen om mij te ontmoeten. Ik heb u reeds lang lief, en mijn eer gebood me u beter te leren kennen alvorens dit schrijven tot u te richten. Daarom heb ik me een beetje verdiept in uw achtergrond. Ik ken uw gewoonten al zo'n beetje, en uiteraard weet ik waar u woont. Ik kan de indeling van uw appartement dromen. Uw slaapkamer bevindt zich uiterst links, nietwaar? Ach, lieve juffrouw, ik ken u beter dan u denkt.

Maar genoeg daarover, nu is het tijd om te praten! Vandaag nog, om middernacht, sta ik voor u klaar om u alle vriendschap te bieden die een jonge alleenwonende vrouw nodig heeft. Ik sta open voor een deugddoend gesprek. Ik ben geheel en al de uwe. Ik zal op de stoep staan, je hoeft het raam van je appartement maar te openen, even te zwaaien en de deur te openen. Om middernacht dus. Tot straks. Stel mij niet teleur!!!

J., die voortdurend aan u denkt

# GEERTEN MEIJSING
## *De circusfilosofe*

ARSINA, 22 FEBRUARI 1993

LIEVE A.,

Het sneeuwt in Perugia, het sneeuwt op de autostrada bezuiden Salerno, Calabrië en Groot-Griekenland liggen onder de sneeuw, terwijl in Lombardije en Piemonte branden woeden wegens droogte. In de Noordzee (las ik in de krant) is een schip op de kust van Terschelling geslagen. Hier waait de wind rond het huis, loeit in de schoorstenen, blaast door de kieren van de ramen (recht over mijn werktafel), en jagen zwarte wolken langs een heldere nachthemel met scherpe sterren: we zitten vlak onder de Grote Beer; het steelpannetje hangt boven het scheef verzakte hek van de oprijlaan, met zijn twee cipressen en de lantaarn die altijd blijft branden, ook overdag, boven het bronnetje dat altijd blijft klateren, ook als ik geen dorst heb. De luiken klapperen, binnendeuren die niet stevig zijn dichtgetrokken, kieren piepend en krakend alsof overal mensen in en uit lopen. De spinnewebben en stofraggen tegen de binnenkant van het dak dansen en zwemmen in de wind; de elektriek kraakt en hapert, mijn hartje jaagt tot diep in de nacht.

*I read much of the night and go south in winter* – was dat maar waar – een tripje per jeep naar Timboektoe in februari is op het laatste moment niet doorgegaan. Kamelen heb ik daarentegen wel gezien en ook een *Pantzernaßhorn* – *'Das Pantzernaßhorn aber fand er schön'* – maar dat was in het Circus Togni, dat zijn arabiserende tenten heeft opgeslagen op een braakveldje buiten de stad.

Een man moet af en toe, vooral als zijn ogen beginnen te sjimmeren, zijn *Platonforschung* aan de kant leggen en een brief aan een meisje kunnen schrijven. In dat familiecircus namelijk, dat wij twee opeenvolgende dagen zijn gaan bekijken, onder andere omdat mijn dochter verliefd was op de paardenmennende, panterslingerende en trapezewerkende mooie zoon die zij Wilde Willy noemt maar die in werkelijkheid Darix heet, zoals ook de andere zonen fascistoïde namen hebben meegekregen, Livio, Teocle et cetera, en omdat ik steeds moest denken aan de filosofe die in het circus paardendressuur deed in het boek *Il caso di Pott* van Pittigrilli (wat weer de eigenlijke naam van onze poes Koffie is), in het Nederlands niet ten onrechte vertaald als *Jaloezie* omdat ik jaloers ben op anderen in je omgeving en jij me aan die filosofe doet denken, werd – na de vertoning van buffels, struisvogels, een nijlpaard, een giraffe en genoemde neushoorn, welke dieren nauwelijks meer vermochten dan een rondje door de piste te lopen – ook, geheel in Italiaanse sfeer, de oude moeder van al die kinderen in de piste opgevoerd, 'Ecco la Mamma!', waar zij niet eens een rondje maakte maar alleen een buiging, en de zonen, de een gekleed in een pantervel (Wilde Willy), de ander in een soort gladiatorenkostuum (Livio) en weer een ander in een clownspak (een goede imitatie van mijn favoriet Buster Keaton), de moeder een militaire groet brachten: eia, eia, eilala!

Heb ik wel genoeg gewerkt vandaag? Ik heb altijd het idee dat ik het werk in de steek laat, en dat ik lang niet genoeg ben opgeschoten, wanneer ik er de brui aan geef, ook al naderen we een heilzaam uur van middernacht wanneer alle lichten in dit huis nog branden – van buitenaf moeten die verlichte ramen op de donkere heuvel een troostende aanblik bieden: aan de filosofie evengoed als aan de liefde wordt gewerkt – de dwaas houdt de wacht en verzorgt het vuur. Wat we eigenlijk nodig hebben, is een loodgieter en een auto-onderdeel dat uit Milaan of godbetere uit Parijs moet komen. En dat ze maar opschieten met die reparatie, want ik moet over twee weken afreizen naar het noorden voor een paar bescheten optredens die nauwelijks zoveel opleveren als de reis me kost. En het geld is helemaal op: nog een keer een lading hout en een volle tank, de rest moet op krediet tot de voorjaarsbedeling vanwege het Fonds mij weer even laat ademhalen.

Als jij ook moet aantreden in de Nacht van het Boek, kunnen we misschien een geheime afspraak maken in het afgehuurde hotel, ik weet nog niet welk, in ieder geval voor het ontbijt, maar liefst al eerder, 't is een heilloze stad, de naam zegt het al, ook al ben ik er geboren en heb ik er godzijdank maar zes maanden gewoond. En ook wil ik weleens aan je ruiken, als het nergens anders kan, dan maar in je handpalm waarin de mensen meer verborgen houden dan ze weten.

Ik kan het niet helpen dat ik in lijfelijke termen aan je denk, geen kuis of veilig voorbehoud of een van welvoeglijkheid: in gedachten heb ik mij al vele malen met je verenigd, of meer precies je kleding in wanorde gebracht en opgeschort, je bevolen je aan mijn blikken prijs te geven (*licence my roving hands, above, below, between – o my America, my new found land, safeliest when with one man manned*) om je daarna voor het eerst te kussen en te likken en eindelijk te weten hoe je smaakt. En ook wil ik dat je praat onderwijl, ik wil je horen schelden en smeken en zingen; voor u is er geen pardon, mademoiselle van de poëzie, en in het rijzen van je tieten hoor ik het ademen van de zee.

Dag lieve A., merk je wel hoe verlegen ik van je word?

# BRIGITTE RASKIN
# *De wondere wonde*

VAN MIJ AAN JOU IN MEI

LIEFSTE,

ZUURZOETE VRIEND,

Toen we van elkaar wegreden, voelde ik je nog in mij, bleef ons kampvuur bij de den aan het meer smeulen in mijn bosje. En wat is heerlijker voor een vrouw dan dat de man van haar hart ook haar schoot beroert? 'Is het zijn geur, zijn sap, zijn hand? Ruik of proef of voel ik hem nog?' vroeg ik me vroeger af the day after. Nu weet ik wat het is: pure herinnering, mijn lijf dat je niet vergeet. Jij in mijn zintuigen; dat is zachter, rustiger dan jij in mijn gedachten.

Een dag van zoveel verdriet en een nacht van zoveel troost. Op weg naar huis sabbelde ik op je zakdoek als een klein kind op zijn lakentje. Met mijn andere hand (want mijn automatische piloot stuurde) tastte ik in mijn zak naar het tweedollarbiljet. Het zat er verdorie niet meer in. Verloren, opgebrand? Ik begon te vrezen dat zo'n biljet maar één keer geluk brengt.

Thuis in de badkamer trok ik mijn shirt uit en vond het biljet netjes gevouwen in mijn bh. Dat ik me dat onderweg niet had herinnerd! Maar wat wil je? Ik had zoveel beelden op te slaan en was nog niet verder geraakt dan het mooiste, hoe de dennekruin je hoofd omkranste terwijl ik naar je opkeek. Eigenlijk was ik nog volop aan het voelen en nog niet aan het overdenken, want soms, liefste, héél soms zijn de uren erná mooi als de uren ervóór, is de vervulling zalig als de verwachting.

Pas in de badkamer, terwijl ik grassprietjes en dennenaalden plukte alsof het frambozen waren, zag ik het vervolg weer: je vertrouwde silhouet aan het meer, mijn onhandig gedrag aan het prikkeldraad, ik die je mijn talisman toonde, jij die hem teruggaf en speels verstopte.

Ik keek vol binnenpret in de spiegel, zo van: is dit mij overkomen? En wat zag ik? Met m'n eigen ogen? Een wondere wonde in m'n hals, rozerood, donkerder dan jouw lippen. Ik als Cher in *Moonstruck*. Ze komt thuis na een gelukkige nacht en haar moeder kijkt veelbetekenend naar haar hals, begrijpt. Ik speelde zowel de verloren dochter als de verwonderde moeder, keek en keek naar het vreemde geschenk. Ik glimlachte in de spiegel en wenste dat jij terug zou kijken met dezelfde blik als aan tafel in het restaurant. Ik leek echt waar op Cher, lieve vriend, of beeldde me dat in, stralende ogen, haren in de war, hé, een meisje van twintig.

Het is de eerste keer dat jij me zo'n bloedkoraal geeft en ik kan (of wil) me niet herinneren dat ik het ooit van een ander kreeg. Jammer dat het verbleekt en verdwijnt, geen litteken laat, jouw cachet op mij. 'Van J.' zou ik tegen een volgende zeggen indien jij me in de steek zou laten. Hij zou zich voelen als ik wanneer jij de kusblaasjes om je lippen hebt die M. je doorgaf. Dat ze nu en dan weer opzwellen vind jij aangenaam. Dat die ziekte nooit overgaat maakt mij jaloers.

En vandaag ben ik vergeten waarom ik gisteren zo ongelukkig was. Of nee, ik weet het natuurlijk nog wel maar het is niet meer zo erg en ik kan er weer mee leven, even, met de pech dat we wel en toch niet bij elkaar behoren.

Het fijnste aan gisteren was dat we zoenden zoals we kunnen praten, intens, magnetisch. Jammer dat ons dat niet altijd lukt, dwarse vriend.

Telkens als je zijn stijfkopje in mijn hals (beneden) drukte, had ik hem met mijn hele binnenste willen omsluiten, nog en nog. Met hem willen spelen als was hij een ronde en gladde kei in mijn hand. Hem willen strelen en wrijven tot hij vonken sloeg. Ik brandend, jij blussend, met een spuit waarop genoeg druk zat om hoger te komen dan mijn vlam voor jou. Maar 'spuit' moet eruit, mag niet in jouw seksjargon, even subtiel als jouw seksgedrag, even ingewikkeld als jouw hele handel en wandel. Moeilijk, veeleisend, onberekenbaar. Er valt niet met je om te gaan, maar ik wil niets liever sinds Lot een rotstreek met me uithaalde en jou op mijn pad plaatste. Jij, man van mijn dromen die ik beter niet, gelukkig wel op me toe zag komen.

Ik zou dít gezegd kunnen hebben, dát gedaan kunnen hebben, mijmer ik vandaag over gisteren, al was het zo ook goed en ravotten het hondje en poesje heerlijk in hun lusthof. Ik ben een piekeraar, en dan nog wel eentje die wil verbeteren wat voorbij is. In plaats van een dromer te zijn die fantaseert over de volgende keer.

B. van Bel me, onmogelijke vriend

# J.M.H. BERCKMANS

# *Brief aan een meisje op de Beatrijslaan*

5 AUGUSTUS '93

LIEFSTE VANDERVLOEDT,

Koningen komen en koningen gaan onderdoor, van de eerste tot de zoveelste, voetstappen op de trap, laat in de voormiddag, geen uur voor een deurwaarder met een slotenmaker, die komen anno nu 's morgens om halfacht weet ik ondertussen uit ervaring, terwijl het echte leven zich nú al in de kroeg en in de goot afspeelt, van Schellebelle tot Warschau tot Omsk tot Madrid tot Reykjavík tot Tel Aviv tot Hongkong en al die tijd leurde een of andere krankzinnige griet over het televisiescherm met Twix Ice Cream, tot horendol wordens toe, horendol, teut, total loss zoals jij dat noemt of placht te noemen toen we een jaar jonger en een jaar vrolijker waren dan nu, achter blinden die het middaglicht schuwen, strompel strompel door de middag en de vooravond en de avond en de hele reutemeteut van seizoenen en eeuwigheid, goeiemorgen middernacht, de laatste slok gin, voor eens en altijd wetend dat je alles altijd al geweten hebt, naar het naakte witte blad zitten staren in de late uurtjes, als ze jou ophangen, zal ik een paar slapeloze nachtjes meemaken, denk ik.

Vanmiddag liep ik in De Raaf die halve gare Bob tegen het lijf en alles kwam me weer voor de geest. Meer dan een jaar geleden.

Het allerallerleukst vond ik die nacht dat je aan me vroeg of ik even wilde ophouden met doorduwen, want je wilde je dikke vette benen in m'n nek leggen. Op dat ogenblik besefte ik dat je hélemaal kierewiet was. De woorden die je gebruikte. De toon waarop je dat vroeg. Alsof je een vuurtje vroeg. Krijg ik eens een vuurtje. Hou eens even op met doorduwen. Ik wil m'n dikke vette benen in je nek leggen. Wie weet zijn we nu allebei wel seropositief. Dan gaan we dood. Vroeg of laat zei je, vroeg of laat gaan we dood. En dat Bob de hele tijd roerloos zat te kijken.

Je raadt al wie ik ben en waar ik woon en meestal niets doe. Het gaat me uitstekend. Dank je. Ik heb nog twaalf boventanden en vier ondertanden. Daar eet ik mee. M'n speen is alweer lang genezen. Van die kontzalf van Nicole. Ik schijt nog steeds om de twee dagen. Een dag wel en een dag niet. Meestal op het huisje bij mijn vader en moeder in het holst van de nacht. Ik neuk zeer zelden. En dan nog is het vet in Barakstad al lang van de soep. Alle toffe wijven hebben al iemand en wie niemand heeft, moet niemand hebben of kan niemand krijgen. Niet bepaald toch. Ik doe nog weleens een terrasje in Barakstad en ik zit van zaterdag op zondag nog weleens in In de soete Naem Jesus. Ik heb nu weinig of geen problemen meer en dat verandert de zaak aanzienlijk. Ik voel me de laatste tijd net Syd Barrett in Disneyland.

Ik heb heel erg vaak aan je gedacht en aan hoe we met ons beidjes heel Barakstad op stelten zetten in de goede oude tijd die alles bedelft, geen wonden meer heelt, de dampkring verkoolt, de oceanen doet verdampen, de mens niet verlost en waarvan sommigen zeggen dat hij niet in ons voordeel is, al beweren sommige anderen het tegendeel. Dan denk ik dat het een voortreffelijk ding is dat het geweest is zoals het geweest is. Meer denk ik er meestal niet bij. Dan dat we ouder worden en langzaam verrimpelen en vergrijzen tot we zullen zijn als een perzik van die nieuwe groenteboer tegenover Aldi. Bij die dikke tuthola.

Ach wat, ik wil niet beginnen zaniken, ik wil gewoon dit ogenblik met je delen. Jij polygomane, ach wat zeg ik, jij polygame zeug. Ik wil je nog eens bedanken voor die keer dat je me met Valère en Bob uit een kolkende Schelde in je achtertuin op de Beatrijslaan haalde nadat we twaalf uur aan één stuk Tequila Sunrise gezopen hadden en ons te pletter hadden geneukt, hoe ik daarna zeik- en zeiknat op een of andere manier in de buurt van de voetgangerstunnel een taxi nam en hoe ik 's anderendaags 's morgens om zeven uur wakker werd op de brug over de ring aan Den Brand met een gebroken kaakbeen en vier, vijf tanden minder. Ach ja. We denken aan zoveel. En hoe meer we denken, des te minder we weten. Het eenzame droeve lot van de radelozen van de donderdag en de troostelozen van de tapkast.

Met hun prothese in hun smoel en hun knie van zink en hun ziel van titanium en een Bifi-worst in hun boekentas. Hun kazak. Lood in hun baskets.

Maar goed. Trek het je allemaal maar niet aan en begin het allemaal maar langzaam aan op te sluiten in het mausoleum van je geheugen. Je onderaardse krochten. Het labyrint van je ondoorgrondelijke geest. Je instinct van holemens.

Toch wil ik je in extremis ook nog herinneren aan hoe we die keer in februari bij min twintig na zesendertig uur in Den Boer van Tienen van zowel Valère als Jean Peeters verlost raakten en met Bob de koffer in doken, hoe die tachtigjarige tante van een Yvonne 's morgens om vijf uur in de bangelijkste kou vanwege de kapotte verwarming striptease kwam doen op *Lohengrin*, hoe iedereen hoe langer hoe lazarusser werd, Yvonne naakt in m'n bed kroop, twee uur later weer wakker werd naast Valère, ze uiteindelijk de flikken belde omdat ze haar bril niet meer vond en de flikken, toen ze de naakte Yvonne in m'n halletje zagen staan, zo bijziend als een kip, en toen ze jou en Valère strijk zagen liggen, jij op de glazen tafel, Valère op het schijthuis in volledige kotshouding, vroegen wat er gebeurd was en ik zei dat ik dat écht allemaal niet ging vertellen, jij polygomane, nee laat maar zitten, ze weten het al. Vieze vuile polygame zeug. Laat ze maar zwetsen, ze zwetsen zich nog eens onnozel.

Tweede deel. Het tweede deel is vaak, zo niet altijd het moeilijkst. Omdat het tweede deel vaak ook het laatste is. En afscheid nemen moeilijker is dan ooit. Jij hebt daar geen besef van. Van wat ik hier allemaal om zeven uur 's morgens zit te knoeien. Nog wakker van eergisteren. Ik weet niet waarvan jij besef hebt. Soms vraag ik me af of je wel érgens echt besef van hebt. Vaak denk ik van niet. Soms denk ik dat je misschien toch nog een heel klein beetje besef hebt van een of andere razende drang die je bijna doet ontploffen. Ik weet het niet. Ik houd van je, misschien vluchtig, misschien diep, dat weet ik niet, maar ik ken je niet. Ik begrijp je niet. Ik denk dat je gek bent. En ik heb echt geen boodschap aan gekkinnen in wat in mijn kringen anno nu mijn entourage wordt genoemd. In het Barakstad van de snobs. Het zootje van den Entrepôt. De definitivo's onder de vermaledijden, de residenten van de Psychiatrische Afdeling Mannen,

Zaal 16, de Boerhavestraat, Titeca, heel soms Landuyt, nooit eens Frieda Vindevogel, Lievens, zuster Bossier met de dikke joekels.

Dat en niets anders en anders niets is de status-quo. En dat weet jij even goed als ik. Als je 't al niet beter weet. Zoals je altijd alles beter wist. Je had nog gelijk ook, jij polygame nee monomane schizofrene zeug.

Heel af en toe is er een derde deel. Een soort van slot of hoe je 't ook noemen wil. Een epiloog. Een heel andere riff, een totaal andere melodie. Een apart soort dead metal. Samen sta je stil bij wat voorbij is en nooit meer terug zal komen. We weten allebei hoe het was. Valère weet het ook. Bob weet van toeten noch blazen. Bob zit in een cel op Sint-Amadeus in Mortsel op z'n stoel voor zich uit te staren. Hoe we met Kerstmis bij Bob op Sint-Amadeus gingen eten. Hoe je iedereen nog gekker kreeg dan ze al waren. Alleen maar door met je kont te schudden. Hoe we ons straal bezopen. Hoe we bijna alle loten van de tombola kochten en achteraf een bestelwagentaxi moesten huren om al onze prijzen naar De Raaf te transporteren. Daar zat Valère dan straalbezopen en van de hand Gods geslagen voor zich uit te staren en in zichzelf met Apostel te converseren over het proefschrift van die Michael Moortgat over de Lambeck-calculus. Maar daar gaat het hier niet over. Hier en nu gaat het over afscheid nemen, misschien in een vierde deel, dat weet ik nog niet, ik wil nog heel even dicht bij je zijn, nog een uur, misschien anderhalf, tot ik uitgeput zal zijn en in de straten de razernij aan de gang is en muzak in de knalgele supermarkt. Langgerekte loeiers van scheten doorkruisen met de snelheid van het licht het hedendaags Walhalla. Het is 6 augustus 1993 geworden. Voor de verandering schijnt de zon. Drie dikke kussen.

HERMAN BRUSSELMANS

# *Brief van de romancier aan zijn geliefde vanuit Parijs*

DAG MIJN LIEFSTE, ENIGE, WARE VROUW,
Heel eenzaam zit ik hier in mijn kamer in hotel L'Echenillage in het dertiende district. Enfin, 'heel eenzaam' is misschien overdreven. Er is de hoer die me aan het pijpen is, maar die telt voorlopig niet mee omdat ze nog lang niet klaar is.

Ja, lieveling, Parijs is een deprimerende stad. En niks te beleven! In het Centre Pompidou was er zogezegd een circusvoorstelling. Wat denk je? Voorstelling gewoon afgelast. En weet je waarom? Dat zal ik je ook zeggen. 'Vanwege ziekte van de olifant.' Daar konden we het, als toeristen, mee doen. Ik vroeg nog aan de suppoost: 'Welke olifant?', wat mijns inziens geen domme vraag is (Was het de wijfjesolifant? De mannetjesolifant? Hoe zat dat?), maar weet je wat die lul zei? 'Circulez, circulez,' zei hij. In eentalig Frans. De onbeschofterik. Nee, ik denk dat het wel degelijk een verkeerde beslissing van me is geweest om naar hier af te reizen in verband met de plot van mijn nieuwe roman. Zoals altijd heb jij, achteraf bekeken, volkomen gelijk en ik heb er dan ook spijt van dat ik niet, zoals jij suggereerde, in ons eigen Gent ben gebleven, waar ik net zo goed als hier in Parijs de exactheid van mijn romanstructuur had kunnen checken.

... Godverdomme, lieve schat, ondertussen blijft de trut ter plaatse sabbelen zonder merkbaar resultaat. Volgens mij zit mijn eikel trouwens in een van haar neusgaten in plaats van in haar mond. (Het soppen maakt zo'n raar snotachtig geluid, weet je wel.) Ik had misschien toch beter een blank wijf mee kunnen tronen. Wacht, ik geef haar even een plets tegen het achterhoofd...

... Ja, dat helpt. (Je kan er met je verstand niet bij, maar dat kreng was bezig met in slaap te dommelen.) Doch waar hadden wij het over? Welja, dat het mij ondertussen enorm is gaan spijten dat ik Parijs boven Gent heb verkozen. Ik liet me natuurlijk leiden door het in wezen onnozele argument dat het hoofdpersonage van mijn nieuwe roman op de laatste pagina verondersteld wordt in wanhoop van de Eifeltoren te springen. Eigenlijk kan hij net zo goed van de Sint-Baafstoren duiken. (Op de koop toe kost een bezoek aan de Sint-Baafstoren minder dan een bezoek aan de Eifeltoren.) En de titel, nou ja, *Zelfmoord in hartje Gent* klinkt op z'n minst even goed, zo niet beter als/dan *Zelfmoord in hartje Parijs...*

Godverdomme! Jezus Christus! Kan je het geloven, liefste?! Die oen krijgt een hoestbui! Moet je haar bezig zien! En die tieten maar heen en weder wiebelen! Als ze denkt dat dát mij vermag op te winden, dan zit ze er glad naast! (Alleen het gewiebel van jouw tietjes windt me op, dat weet je wel.) Jongens jongens, die rochelt hier zowat heel de vloer onder. Dat wordt uitkijken straks, om niet uit te glijden...

... Enfin, ze lijkt erdoorheen. 'Vooruit, verder pijpen!' roep ik haar toe (maar dan uiteraard in het Frans, schat). Oké, ze is weer aan de gang. Waar zaten we? Ja, dat Parijs een enorm deprimerende stad is, zo zonder jou. Vanmiddag bij voorbeeld liep ik langs de Seine (na het debâcle met die zieke olifant in het CP), waar al die boekenstalletjes staan. Ik hield bij eentje daarvan halt om de beroemde bundel liefdespoëzie van Vergilius door te bladeren, want die wilde ik per se speciaal voor jou kopen. Doch toen kwam een aap uit de mouw! Weet je wat die Parijse afzetter (zonder blozen, nota bene) voor die kutbundel durfde te vragen? Vierentwintig Franse franc! VIERENTWINTIG! Voor zo'n afgeleefd vod dat je nog niet aan je ergste vijand cadeau zou doen! (En dat je, durf ik te wedden, bij De Slegte in Gent voor de helft van de prijs kan krijgen.) Mijn god, wat werd ik kwaad. Zo kwaad dat ik het boekje de Seine in keilde. (Je kent me, altijd maar smijten met van alles.) Die Parijse boekenwurm wilde mij een mep geven, maar dat was buiten de waard gerekend. De waard, dat ben ik dus in dit geval. Jongens, gaf ik me die rekel daar even een rechtse hoek tegen zijn oog. Hij stuikte achterover en sleurde heel zijn krakkemikkig kraam in z'n val mee. Het werd nog een hele ren over de beregende Parijse straten (het regende nog ook, dat was ik vergeten te melden) om zijn woedende collega's af te schudden. (Ze gunnen elkaar het licht in de pupil niet, dat gajes, maar als een van hen een tik ontvangt, dan spannen ze ineens samen als idioten. Je vraagt je af waarom. Allemaal vriendjespolitiek, ja.) Maar goed, ik schudde hen zonder veel moeite van m'n lijf (ik ken dank zij de jaren zestig Parijs op m'n duimpje zoals ik je al heb verteld, dus dat helpt) en uitgeput en doornat kwam ik weer thuis, hier in m'n hotelkamer in L'Enchenillage...

Shit, nu laat ze nog een wind ook... En wat voor een! De luster gaat ervan heen en weer zwaaien...

Ik ben inderdaad een ontzettend rund. Het ergste vind ik nog dat toen jij kalmweg zei: 'Kan je niet even goed thuis in Gent blijven in plaats van drie maanden naar Parijs te gaan?', ik je toen die vuistslag gaf. Ik kan mezelf wel voor m'n kop slaan als ik daaraan terugdenk... Hopla! Weer een knaller als een kanonschot bij nacht. Wat zou die gevreten hebben vandaag?

Trouwens, over vreten gesproken. In de valavond (na me verfrist te hebben) ging ik iets kleins eten in zo'n, je weet wel, zo'n typisch Parijse bistro met van die belachelijke namen. (Deze heette La Bouille de Ma Tante Raisin.) Enfin, ik bestel 'Konijn op zijn Vlaams', en weet je wat die kelner zegt? 'Dat hebben we hier niet,' zegt hij, 'de importbelasting op konijnen is te hoog geworden.' Kan je je dat voorstellen?! De importbelasting! En al dat gezeik over Ons Verenigd Europa dan? Werd ik me daar eventjes wóest, schat, WOEST! Kortom, de dreun waarmee ik die kelner velde, daar is de vuistslag waarmee ik jou midden in de Parijs-Gentdiscussie opzadelde, klein bier bij. Gelukkig kon ik weer bijtijds vluchten over de beregende Parijse straten, maar ik zweer je, het zijn allesbehalve leuke gebeurtenissen om mee te maken. Geen wonder dat ik na mijn vlucht een louche bar betrad, om me dus logischerwijs te bezuipen. Nou ja, en in die klotebar pikte ik dus het zwarte hoest- en windhoosfenomeen op dat hier beneden nog steeds aan het werk is. Die blijft maar bezig! (Ze denkt misschien dat ze per uur wordt betaald, de debiele slet.)

Ach lieve lieve lieveling, wat mis ik je! Als ik aan je zoete borstjes denk, aan je lekkere foefje, aan je licht zwetende okseltjes, dan krijg ik hier ter plekke bijna een erectie waar je ijzer kan op breken. Dat jij net nu in het ziekenhuis moet verblijven met een dubbele kaakbeenbreuk! (Ik vergeef het mezelf nooit.) Maar wat ik nog zeggen wou... AAAAAHHHHH...! (Sorry, schat, eventjes klaargekomen. Dus ga ik nu eerst de half gare pijp-allochtoon uitbetalen en aan de deur zetten. Minuutje.)

... Zo, hier ben ik weer! Honderdtachtig franc durfde die mesthoop te vragen! Maar goed, als ik aan jou denk, kan zelfs geld me gestolen worden.

Doch weet je wat, lieverd? Heel speciaal om jou een plezier te doen verlaat ik morgen Parijs en boek ik meteen een hotelkamer in... Gent! In dat hotelletje in onze straat! Is dat geen leuke verrassing? Vind je dat niet heel erg leuk? O, de gedachte alleen al windt me enorm op! *Zelfmoord in hartje Gent* wordt een bestseller, m'n allerliefste, ik voorvoel het! Ooo, wat ben ik blij dat ik dit besluit zo ineens heb genomen! Vooral omdat het jou zo gelukkig maakt, dat weet ik zeker! Ben jij inderdaad ook niet zielsgelukkig, schat? O o o, wat hou ik van jou!!

Maar thans verkies ik me even te gaan wassen in de badkamer, want mijn geslachtsdeel (jouw eigenste lieve kameraad) begint zo ineens wreed te jeuken. Kusjes, lieveling! Ik schrijf je vanuit ons Gent! O mijn god, zo'n jeuk! Tot heel binnenkort, liefste! AAAAAHHHHH! En bloeden ook nog! Ik hou van jouoUou...!

Je Unieke Romancier en Minnaar

# KRISTIEN HEMMERECHTS
# *A fleur de peau*

LIEFSTE,

Ik kan je geen liefdesbrief schrijven. Ik kan je schrijven dat ik van je hou, dat ik denk dat ik van je hou, dat ik denk dat ik van je hou als ik tenminste begrijp wat wordt bedoeld met: ik hou van jou.

Omgekeerd is makkelijker. Soms hou ik niet van jou. Daarover bestaat geen twijfel. Maar ook dit niet-houden-van is niet eenduidig. Soms is het haat. Voel ik een kille koude woede voor je. Bedenk ik pijnlijke martelingen. Om je te straffen omdat je niet genoeg van me houdt. Omdat je weet dat ik van je hou. Omdat je weet hoe weerloos ik ben, en hoe machtig jij.

Maar wees niet te overmoedig. Misschien hou ik wel minder van jou dan je denkt. Misschien voel ik soms zelfs geen kille koude woede voor jou. Alleen maar onverschilligheid. O hallo en hoe maak je het? Ja, mooi weer vandaag, nee, ik ben niet vrij vanavond, ja, een andere keer misschien, we zien wel. Zou dat niet heerlijk zijn? Ik zou vrij zijn. Jij zou mij niet meer raken. Jij zou gewoon een ander zijn.

O die ziekelijke manie om de geliefde aan jezelf gelijk te maken! Duizend strafregels zou ik moeten schrijven: hij is een ander, hij is een ander, hij is een ander... Wil ik dan dat jij mij bent? Een stuk van mij bent? Dat jij en ik hetzelfde zijn? En voel ik soms koude kille woede omdat jij – schijnbaar toch – zo moeiteloos een ander bent, jezelf blijft en bent, je gang gaat? Benijd ik je de omlijnde, afgemeten ruimte die liefde in jouw leven inneemt? Af en toe ben ik er en hou je van me en daarna zijn er weer andere dingen? Of is dat niet zo?

Toch hou ik minder van je dan je denkt. Vroeger dacht ik: Ik wil de lucht ademen die hij ademt, ik wil alleen nog hem. Alles wat ik doe, is voor hem gedaan. Ik wil roerloos bij hem waken, bij hem wachten tot hij me ziet, me wil. Nu kan ik dagen en dagen zonder jou. Hij komt wel, denk ik. Hij belt wel. Dus als ik je zou schrijven: ik ben het liefst van al bij jou, ik verlang alleen naar jou, dan is dat niet altijd waar. Daar sta je van te kijken, niet?

Ik kan nu ook bij je zijn zonder je aan te raken. Ik sleur je bij voorbeeld niet naar ons bed, wat ik nochtans het liefst zou doen, ik zeg niet wat ik de hele tijd denk: Laten we naast elkaar gaan liggen, ik wil je voelen, strelen, zoenen, leg je op me, leg je onder me, lik me. Ik luister, ik glimlach, ik wacht tot jij je hand over mijn arm laat glijden, je noemt het 'à fleur de peau' omdat je niet mijn huid aanraakt, alleen de haartjes erop.

Mijn geduld wordt beloond. Het is of er een rechtstreekse verbinding ontstaat tussen jouw hand, de haartjes op mijn huid, en mijn geslacht. Ik wil je meer dan ooit, en het liefst nu meteen, maar ik zeg het niet. Schaamteloos kijk ik je aan, hoop dat je de geilheid in mijn ogen zal lezen en niet kunnen weerstaan, dat je zal zeggen: kom.

Is dat liefde? Na zoveel jaar? Ik weet het niet. Maar ik weet dat ik je telkens opnieuw niet kan weerstaan, je telkens opnieuw dwing mij niet te weerstaan. Ik kan van je weggaan, ik kan je niet schrijven, niet bellen, maar als ik weer voor je sta, lees je het in mijn ogen en dwing ik je het te zien, te zeggen. Kom.

# STEFAN HERTMANS
## *Intieme brieven*

Al heel lang heb ik een uitgesproken voorkeur voor strijkkwartetten. Een tijdlang heb ik ze verzameld, in een soort honger om er zoveel mogelijk bij elkaar te hebben, en dan te kunnen combineren: een eerste deel uit Brahms en meteen daarna het scherzo uit het vijfde van Bartók, de mooie cavatina uit Beethovens nr 132 en daarna het onuitputtelijk gevoel dat Debussy's strijkkwartet me telkens geeft; Ligeti's eerste en daarna weer dat kleurrijke dichte weefsel van Faurés enige kwartet, de zwaarmoedige, introverte ritmes van Sjostakovitsj of de ondraaglijke lichtheid van Mozarts late werk.

Strijkkwartetten zijn een hele wereld op zichzelf; ze combineren de volheid van symfonische bewegingen met de intimiteit van een gedicht; ze hebben een dieper liggende spreektoon in zich. Ik ken geen andere instrumentale muziek die het spreken zo dicht nadert als het strijkkwartet, en tegelijk is het de zuiverste compositievorm: je hoort de componist luidop denken over structuur en gevoel. Het strijkkwartet is het speelveld waarop dat grote gevecht tussen emotie en rede op zijn zuiverst wordt gestreden, en dit in een discursieve toon, die ons tegelijk betovert met zijn ingehouden schoonheid. Strijkkwartetten konden me rustig maken, me weer helderheid geven als ik in de war was, ze konden het evenwicht in mezelf een beetje helpen herstellen of mij een beetje ontdooien als alles binnen in me dichtzat.

Maar toen hoorde ik voor het eerst Janáčeks *Intieme brieven*. Dat bracht me pas in de war, maakte me onrustig, zweepte me op, maakte me bijna beschaamd dat ik getuige was van zulke heftige, intieme gevoelens. Het was alsof ik een gepassioneerde scène afluisterde in een kamer naast de mijne. Die vreselijke intensiteit, vanaf de eerste tonen, laat niets te raden over: hier piept, smeekt, jankt, vleit en fleemt een minnaar die bijna gek geworden is door de helderheid die hij voor ogen ziet. Maar in de derde beweging, het moderato, is hij dan weer zo aardig en zacht en triest dat je beseft: hier gaat het hele register van de emoties open, van krabben en bijten tot huilen en strelen. Dat moderato eindigt met zo'n ondraaglijk intense smeektoon, in zo'n pijnlijke schoonheid, dat ik er die eerste keer geheel verbluft bij zat. En als de laatste beweging dan schril en lief tegelijk openbreekt, met een onderliggend staccato dat aan een onhandige danser doet denken, dan gaat alles over in zo'n grillige afwisseling van emotie en toon dat ik nooit elders iets dergelijks heb gehoord. Alle andere strijkkwartetten leken plots in een ver en veilig verleden te liggen, en hun moderato-invloed op mijn gemoed was voorgoed overbodig geworden.

Janáček was zeventig toen hij *Intieme brieven* schreef. Zijn passie voor de achtentwintigjarige Kamila Stösslová was toen op haar hoogtepunt. Al in *Kát'a Kabanová* had hij haar geprojecteerd, en hij maakte haar telkens onbereikbaarder en volmaakter doordat hij al die ontstellende melodieën op haar hoofd stapelde. Kamila werd zo volmaakt als Janáčeks muziek haar maakte. Het strijkkwartet had als werktitel: *Liefdesbrieven*. Gelukkig besefte Janáček zelf dat dat geen goede titel was.

Persoonlijk heb ik een afkeer van liefdesbrieven; schrijven is geen goed surrogaat voor wat ik voel als ik naar een vrouw verlang. Daar heb ik geen frasen bij nodig, want gevoelens zijn te subtiel en te direct voor dat beetje krassen op papier. Schrijven is een andere liefde, en ik weiger die twee liefdes door elkaar te halen en zo de twee te verkwanselen aan elkaar.

Lang geleden heb ik Joyces brieven aan Nora gelezen; ik voelde me een voyeur, dit was nooit voor mijn ogen bestemd, dit moest ik eigenlijk ook niet zien. Maar bovendien voelde ik niets van Joyces begeerte, want zijn liefdesobject was het mijne niet en zijn brieven konden me dat, gezien hun uiterst persoonlijk karakter, ook niet geven. In Janáčeks kwartet-brief echter voelde ik de liefde heel zintuiglijk, in een hogere taal, een zonder woorden, met 'motieven die tastbaar willen worden', zoals de componist er zelf over zei, met buigingen en klanken die als vingers aan mijn lijf zaten en waarin ik van ogenblik tot ogenblik de folterende omslag van wanhoop naar verrukking en terug in elke maat kon voelen: nu eens hevig en dan weer heel omzichtig. Joyce vond ik een speler, en dat verhoogde mijn gêne. Janáček liet me geen ruimte om afstand te nemen. Hier was een man aan het spreken die tot het uiterste van zichzelf wilde gaan, en die zag dat een man op dat uiterste punt een vrouw vindt in zichzelf, een openheid die hem beangstigt en meesleept.

In Verona heeft een man jarenlang liefdesbrieven beantwoord, die volkomen onbekende mannen schreven aan Giulietta Capulet, de geliefde van Romeo. Hoe hij aan die brieven kwam, die aan een mythische vrouw gericht waren, is niet duidelijk. In elk geval heeft hij dus in de plaats van Giulietta aan al die twintigste-eeuwse onbekende Romeo's geantwoord. Dat is op zichzelf vreemd genoeg, maar eigenlijk is die andere vraag nog vreemder: waarom schrijven mannen aan een vrouw die eeuwen geleden voor en door de liefde is gestorven? Uit verlangen naar de grote naamloze passie waardoor je in staat bent de onmogelijke, definitieve liefdesbrief te schrijven?

De vrouw van een zekere Declan MacManus uit Engeland knipte het berichtje over de professorale dubbelganger van Giulietta uit de krant. Declan is een muzikant, hij nam zijn vrouw mee uit en woonde zo onder meer een reeks uitvoeringen van alle strijkkwartetten van Sjostakovitsj bij. Declan was gefascineerd. Er groeide, met de grilligheid die associaties nu eenmaal hebben, een plan in zijn hoofd om met de mensen van het Brodsky-kwartet, dat deze concerten uitvoerde, te gaan spreken. Declan schrok echter dat de vier klassieke muzikanten al even vereerd waren om met hem te praten: ze hadden een paar van de concerten gezien die hij nu al zo'n vijftien jaar geeft onder de ons welbekende naam Elvis Costello.

Costello heeft met zijn interpretatie van deze onmogelijke *Juliet Letters* een meesterwerk gemaakt; niet alleen zijn de muzikanten zo intensief ingegaan op zijn idee om de Veronese liefdesbrieven in zo ongeveer de hele kwartetliteratuur onder te dompelen, maar ook zijn de teksten zo mooi op de muziek afgestemd dat ik er de hele romantische Lied-traditie een tijdlang voor door het raam gooi. Ik ben inmiddels een beetje verslaafd aan Costello's fictieve liefdesbrieven. Ongetwijfeld heeft dat te maken met het feit dat hij ze omkaderd heeft met zeer gevarieerde fragmenten strijkkwartetmuziek, die zoveel herinneringen in me oproepen dat ik niet afstandelijk meer kan oordelen. Hier komt veel samen dat me raakt, van mijn liefde voor strijkkwartetten tot mijn irritatie over de ontoereikendheid van echte of literaire liefdesbrieven en mijn herinneringen aan de periode waarin ik *Intieme brieven* ontdekte. Muziek bovendien, gemaakt door een van onze helden uit de jaren zeventig, de magere en scherpe Costello die ik ooit, nog heel in het begin van zijn carrière, in een concert bezig zag in de Ancienne Belgique in Brussel, op een woelige avond die eindigde met traangas en politiehonden. 'The angels wanna wear my red shoes' zong hij toen. We gooiden stenen naar de combi's in de straat. Ik was daar toen alleen, maar jaren later bleek een vrouw, die nu een goede vriendin is geworden, daar ook te zijn geweest. We zaten samen in een bus richting Verona, de stad waar het al even fictieve *Casa di Giulietta* door goedgelovige toeristen wordt gefotografeerd. We leerden elkaar daar een beetje kennen en hoorden Costello zijn *Juliet Letters* zingen.

De brieven van Costello gaan van liefdesbrief naar smeekbrief, zelfmoordberichtje, groteske en clowneske overwegingen tot en met de klassieke brief naar huis waarin de balans van een leven wordt opgemaakt. Costello zingt hier soepeler en expressiever dan ooit, en hoe vaker ik deze muziek hoor, des te groter wordt mijn bewondering voor zijn inzicht en verbeelding. Costello is een intuïtief talent; pas nadat hij besloot met het Brodsky-kwartet scheep te gaan, ging hij systematisch muziek studeren.

Het Brodsky-kwartet heeft hem, denk ik zo, perfect begrepen. Dat suggereert hij ook in de covernotes. Dit is geen slap geval van *fusion*, maar een volstrekt eigen geheel. Alle types strijkkwartetten hoor je erin terug, soms heel klassiek en dan weer met een toon die als een parodie op *West Side Story* klinkt; stemmingen uit Beethovens kwartetten en de laatromantische kwartetmuziek, andantes die soms lichtvoetig zijn als Mozart en dan weer slepend als Sjostakovitsj, de componist met wie het voor Costello was begonnen.

Maar waar was mijn geliefde en lang niet beluisterde Janáček, de man die een strijkkwartet als liefdesbrief had geschreven? Had Costello daaraan gedacht? Misschien hij niet meteen, maar het Brodsky-kwartet dan in elk geval wel. Een welhaast letterlijk citaat duikt op nadat Costello in een grotesk nummer heeft gevraagd:

*Would I lie to you? Would I sell you a dud?*
*Just sign on the line. Could you possibly write it in blood?*

Na deze woorden komt een uitgesproken Sjostakovitsj-cadans, een beetje kwaadaardig dansend, die meteen overgaat in eindmaten die zuchten en schrijnen zoals dat alleen in Janáčeks *Intieme brieven* gaat. Dat was wellicht de ideale plek voor het eresaluut aan de verliefde oude gek voor zijn mooie jonge Kamila. Want dat Janáček zijn *Intieme brieven* met bloed heeft geschreven, dat is eigenlijk al bijna een understatement.

Enkele maanden na het schrijven van dat kwartet, op 12 augustus 1928, is Janáček gestorven.

Nu ik zo vaak naar Costello's *Juliet Letters* luister, luister ik ook weer vaker naar Janáček, in een oude en levendige uitvoering van het Smetana-kwartet. En ik heb het gevoel dat Kamila Stösslová en Giulietta Capulet een beetje een en dezelfde worden.

*Oh, by the way, how's that girl you wed*
*I hated you then, but I'm over the worst of it*
*I can't come home, I might as well say, life is short*
*I shall not write again.*

Ik schrijf dan maar op de rand van de krant. Liefje, schrijf ik, ik heb een hekel aan liefdesbrieven. Maar ik wil je vanavond een strijkkwartet laten horen, het heeft een ritme dat ons hart zal opjagen en ons dan weer zal kalmeren in bed. De rest is van ons, en niemand zal het ooit lezen.

BENNO BARNARD

# *Lieveling*

Na zoveel gedichten als jouw man
weet ik nog altijd niet hoe
ik ons anders noemen moet dan
twee kusten aan weerszijden van
een water. Of wil je dat ik spreek
in tongen?
                    Heer van de poëzie,
laat mij één ondubbelzinnige bladzij
schrijven.
                    'Een aardig echtpaar.
We hebben in de Deux-Magots gepraat,
en later nog getafeld in Hungaria.
Iets dreef ons naar elkaar toe,
al kan ik niet goed zeggen wat:
verveling, Shakespeare, jarretels...
O, desgewenst herinner ik mij
ook het kleine westerse kwaad
van onze bij ieder citaat
ingewikkelder wordende wanhoop.
Ze zijn even kinderloos als wijzelf.
Ze wonen in onze stad.'
                                        'Joods
zijn ze niet, maar er is wel iets.
Ik zie zo voor me hoe hij laat
opblijft en woedend naar het niets
van de nacht in de ruiten gaat
zitten staren, zingend van haat
tegen zijn heimwee. En hoe hij dan

denkt aan Amerika, verbitterd dat zij
glimlacht in de lange omhelzing
van haar slaap.'
'Ze zit er blond bij
aan onze tafel in het buitenland.
*Kunnen wij vanavond het heelal,*
*samengeperst tot een bal,*
*rollen naar een of andere vraag?*
Ook dat is weer een vraag... Zij
echter zwijgt als een zeemeermin:
onze oude vragen zijn voor haar
geen overweldigende vragen, maar
soms springen er barstjes in
ons kale verstand.'
Luister naar
mijn contemporaine getuigen van ons!
Ben ik Hamlet of een idioot?
Ben ik een ander? Heer der poëzie,
de tongen van de bourgeoisie
zijn dik en duisternis zweeft
boven hun whisky.
Lieveling,
ik noem je hier nu maar zo,
en noem jij mij zo ook in hun gezicht,
want ik wil niet dat iemand weet
hoe jij of ik eigenlijker heet
in ons menselijke Esperanto –
lieveling dus.

## HERMAN DE CONINCK

# *Pastorale* VII

Zomeravond. We hebben woorden en tijd.
Behaaglijk is het om van mening en geslacht
te verschillen, waarna alleen nog van geslacht,
een verschil van dag en nacht, waarna nacht.

Laat je strelen, kom.
Ik hou ervan je lichaam te verdelen
in van alles twee, zoals ik deze zomer
de zee verdeelde toen ik schoolslag zwom.

KAMIEL VANHOLE

# *Brief uit een klooster*

LISSABON 13 JULI '93

Hoe ik het perk was komen binnenstormen,
meteen verblind door zon en stuivend zand
zodat ik pal moest blijven staan
om mij de kop te schudden.
Hoe ik een paard zich zag vernederen
en moeizaam in mijn richting knielen.
Hoe jij het dan de sporen gaf
om op een tergend drafje naar me toe te rijden
en ik nog half versuft de kop weer rechtte
en snoof,
kwaad bloed, een loensend rund in overdrive
dat vet en wild gefokt
zich slechts in spurts kon geven.

En hoe ik toen de eerste steek moest voelen,
de pijn die jij zo nodig acht,
die mij deed zijn waarvoor ik was bestemd:
een dier dat bloedt en weet,
waarvan het zwarte sap al uit de flanken gutst
om zich met zand te mengen,
terwijl er om ons heen trompetten schalden
en ik, hoe sierlijk toch, weer plots verstarde
en briesend naar de hemel keek.

En toen, veel later al, hoe jij van alle vrouwen,
hoe jij de eerste was om zich op mij te gooien,
het korte, bijna hupse loopje dat je nam,
mijn eigen lome ren

en dan de blinde clash,
het treffen van twee einders
de vlokken schuim, jouw grillig beven
het zacht aaneengespietst te zijn
tot in een siddering van lenden
het einde voelbaar werd en ik je af moest schudden.
We hadden ons vergrepen aan elkaar
en wisten wat ons wachtte:
dat ik zou worden afgeslacht,
de ballen afgesneden, de oren opgebaard,
en hoe mijn dood aan jou zou toebehoren,
als teken van jouw pracht.

Zie je, dat droomde ik zopas, daar was ik van bezeten, net voor ik wakker schrok met nog de weeë stank van een arena in mijn neus. Buiten hoorde ik mannen al zingend het vuil ophalen, dit was het uur waarop ik meestal werd gewekt.

Het huis waar ik logeer, was vroeger een klooster dat op de rivier uitkeek, maar sinds het ingeklemd raakte tussen de havenloodsen en een van de heuvels van de stad, trokken de monniken weg en lieten het pand tot een pension verbouwen, waar alleen hagedissen en reizigers nog vrij spel hebben.

Ook m'n eigen geestesleven stelt hier goddank niet veel voor. Ik dwaal door de stad, proef af en toe een nonnenbuikje, zoals die mierzoete, in melk en honing gedrenkte gebakjes hier heten, en zoek de schaduw van de tuinen op. Ik mis je niet, bezweer ik mezelf, maar in mijn dromen wil zich dat weleens wreken. Daarom geloof ik ook niet wat een van mijn favoriete auteurs ooit schreef, dat liefde een tijdverdrijf voor middenstanders is. Tenslotte had hij die uitspraak in de mond van een oude wijsgeer gelegd en die zijn al helemaal niet te vertrouwen, zeker niet als ze tobberig zijn geworden en alsnog spitant uit de hoek willen komen.

Maar wat wist ik van de liefde?

Vanochtend, toen ik aan de kiosk op de Largo de Santos een pakje vloei ging kopen, kreeg ik een obscuur muziekblaadje in het oog, dat *Pulse* heette. Op de cover lachte de kop van de oude heer Zappa mij welhaast minzaam toe. Ik moet zeggen: eerst herkende ik hem niet, het duurde althans een paar duizelige seconden voor ik in die grijsbebaarde heremiet het profiel terugvond van een van m'n muzikale demonen. Drie jaar al vocht hij tegen een te laat ontdekte prostaatkanker, maar qua flaubertiaans venijn bleek hij nog niets te hebben ingeboet. 'Wetenschapslui geloven dat het heelal van zuurstof is gemaakt, omdat dit ingrediënt het rijkelijkst schijnt voor te komen. Naar mĳn idee is stupiditeit het basisingrediënt.'

Dit naar aanleiding van de jongste rassenrellen in L.A. Het is een uitspraak die jou in de mond bestorven had kunnen liggen, liefste, ook jij slaat het mensdom niet al te hoog aan. Een paar jaar terug, toen we in deze eigenste stad over de Salazarbrug reden, moest de buschauffeur ineens remmen. Heel even zag ik toen je mond vertrekken, over je lippen rimpelde een kleine grimas waar zowel wrevel en geringschatting uit sprak, als iets hoofdschuddends. Wat de precieze oorzaak van de plotse manoeuvre was, kon je onmogelijk zien, zodat ik maar besloot dat jouw grijns het hele onmogelijke stadsverkeer gold en, bij uitbreiding, alles wat in jouw en andermans leven zoal scheefliep. Je droeg dit grootmoedig, je besefte ook wel hoe dwaas het was om van de wereld enige redelijkheid te verlangen. En wat anders dan verdwazing moet die allereerste cel hebben bevangen toen hij een andere cel aanvloog om zich samen eens lekker te splitsen?

Van die oerverdwazing zijn wij de glorieuze nazaten, dat blijken we nu al veertien jaar uit te houden, terwijl we al die tijd gewoon doorgingen met ruziën, koken, vrijen en het invullen onzer belastingpapieren. Ooit, toen je eens razend op me was omdat ik me weer had afgezonderd in mijn schrijven, noemde je me 'onverstoorbaar op zoek naar woorden en lichamen'. Ik geloof dat er sindsdien nauwelijks wat is veranderd. Mijn woorden en jouw vele, vele lichamen. Vannacht was je niet meer dan een laken dat ik in mijn opwinding van me af schopte en nu weer koel en wit over me heen trek.

Kom nu maar terug en schaak me.

Wikkel je als vloei om me heen.

En laat m'n woorden nu maar stokken.

BART PLOUVIER

# *Alleen de havens zijn ons trouw*

LIEVE FERMINA,
'Alleen de havens zijn ons trouw...' dichtte Slauerhoff, en ik geloofde hem graag en onvoorwaardelijk. 'Al 't andre aan de vaste wal / behoort niet bij ons, vriend noch vrouw / stond ooit steeds voor de zeeman pal.' Ik kalligrafeerde het gedicht als devies vooraan in elk nieuw begonnen logboek. Acht dikke schriften heb ik gevuld voor ik jou kende. Alle tijd die ik nu aan brieven besteed, kroop toen in pagina's lange monologen die inhoud moesten geven aan mijn bestaan, een nooit eindigend 'Ter verantwoording' bij het verhaal van mijn leven. Soms ging er een volledige vrije wacht op aan dat navelstaren. Toen, toen deed ik zulke dingen.

Overal ter wereld herkende ik de steden, en zij herkenden mij, ontvingen mij met open kroegen, pleinen, straten, bordelen, met muziek, met lokkende geuren van de heerlijkste gerechten en van zwoele parfums. In elke havenstad zouden en moesten de uren tot staan worden gebracht, de minuten samenvlokken, stremmen in een roes zonder einde. De tijd was mij na de monotonie van het varen iets verschuldigd. Alle gemis diende gecompenseerd, alle eenzame uren betaald. Het logboek werd weggeborgen: veel van wat gebeurde, viel niet te verantwoorden. (Jou wil ik het ooit wel vertellen.)

De vrouwen die in de havens woonden, hadden geen gezicht, hooguit een paar antropometrische kenmerken, soms een geur. Van mijn vermogen om verliefd te worden dacht ik bij elk van hen een stuk te hebben achtergelaten: tussen zwart zijden lakens in Manila, op een strozak in Djibouti, op een kreupele divan in de Antwerpse Zakstraat, tussen de spijlen van een koperen sponde in New Orleans en op de luchtmatras van een lichtjes slagzij makende Amsterdamse woonboot. Dat ik emotioneel afstompte, had ik niet eens in de gaten. Zelfmedelijden tastte mijn denken aan, als roest de romp van een schip, roest die onder de waterlijn zit en pas bij een grote opknapbeurt zichtbaar wordt. 's Avonds, in mijn kooi, wentelde ik mij in Slauerhoffs herkenbare melancholie: 'Als rouwrag hechten zich vuilgrauwe nevels / aan 't vlak waarachter, keer op keer gekamerd / liefde door lust geworgd te gronde gaat / en duizend dooden sterft en weer ontstaat.' In dat weer ontstaan heb ik nooit geloofd. Ik ging het alléén redden, onthechting noemde ik het, een keuze, de kracht van de eenzame roeier. Tot ik jou ontmoette.

Nu herken ik de steden nog wel, maar ze kunnen me niet meer bekoren. Mijn wandelingen leiden mij naar het postkantoor, een terras bij de waterkant, een groot warenhuis, een park met een bronzen ruiter. Zelden nog bezoek ik de havenkwartieren. De drukke straten lijken mij dan decors uit een B-film: achter de open kroegdeuren gaapt de leegte van verveling, primaire muziek dendert uit de zwarte gaten. In de vitrines van roodverlichte bordelen maken dikke negerinnen obscene gebaren. Slecht geschminkte travestieten likken er suggestief hun pruimkleurige lippen. De figuranten die mij kruisen of achternalopen, acteren slecht: gemaakt, met brede, theatrale gebaren en galmende, geforceerde lachsalvo's. De dialogen die ze voeren, zijn van een bedenkelijk peil. De mannen ruiken naar bierdraf en hardgekookte eieren, de vrouwen naar toiletspray en zure wijn. Ik herken mensen en dingen nauwelijks. Vroeger rook, klonk en oogde alles zo anders, vroeger, vóór jou. Nu zijn de uren in een gladde, brede stroom gegleden. Mijn tijd heeft zijn ritme gevonden, staat ook aan wal niet meer stil, vloeit daar, net als op zee, langzaam naar jou toe. Ik laat me meedrijven, haast me weg uit de havens, spiegelpaleizen voor zeelui. Ik ben hen ontrouw.

Veelal blijf ik aan boord. Ook in de havens die mij het liefst waren, waarvan de silhouetten als fata morgana's opdoemden in volle zee, met de herinnering waaraan ik mij troostte en waarnaar ik slapeloze nachten lang uitkeek. Andere matrozen vragen mij hun wacht over te nemen, zodat zij de wal op kunnen, het decor in. Ik heb sommigen onder hen over jou verteld en zij weten mij te vinden. In de toon van hun vragen klinkt jaloezie of medelijden. Ik voldoe graag aan hun verzoek, geniet van het eenzame wachtlopen. Dan hoor ik ver beneden mij de generator brommen, aan landzijde de stad zoemen, aan zeezijde golven hijgen. 's Nachts bij een licht boven de kaartentafel lees ik nog regelmatig Slauerhoff, maar leg al lezend de accenten elders. Zijn melancholie wordt mijn verlangen naar wat komen kan.

Tijdens die wachten doe en denk ik wat ik altijd al gehoord heb dat verliefde mensen doen en denken: dwaze dingen, zoals naar een ster staren en hopen dat jij op hetzelfde ogenblik naar dezelfde ster kijkt, ook al is dat, vanaf deze breedtegraad, onmogelijk; in het gladde havenwater naar jouw beeltenis zoeken; zó luid zingen dat de kok aan dek komt en mij met een natte dweil dreigt. Of nog: naar de twinkelende haven kijken en half luidop beweren dat ik hier nooit meer terugkom, dat dit mijn laatste reis is, dat ik hierna voorgoed bij jou blijf, dat de havens en de zee me gestolen kunnen worden. Dat alleen jij mij trouw bent.

Veel liefs

# CONNIE PALMEN
# *Pekelvlees*

ROME, 21 JUNI 1992

LIEFSTE,

Lang voor mijn vertrek schoot mij regelmatig iets te binnen wat ik op dat moment voor jou verzweeg, omdat ik het alleen aan jou zou kunnen vertellen als ik ver van je vandaan zou zijn. Op de dag dat ik vertrok, had ik een heel boekwerk in mijn hoofd, vol van alles wat ik onmogelijk direct tegen je kon zeggen, vol van zoete en van wrede waarheden die een afstand en de omweg van een brief opeisten. De brief bevatte inmiddels onze hele geschiedenis, die je weliswaar met me meemaakte, maar die jou volkomen onbekend zou zijn als ik haar opschreef, omdat het mijn versie zou zijn. De omweg van de brief, die eigenlijk de omweg van de waarheid is, begrijp jij beter dan iemand anders die ik ken. Jij bent ook zo, meen ik. Wij koesteren en haten de afstand.

Het leek er steeds meer op dat ik wegging om je te kunnen schrijven, dat het de enige reden was om op reis te gaan.

Nu ik op de plaats van bestemming ben, blijk jij, degene van wie ik mij verwijderd heb, mijn uiteindelijke bestemming. Ik ben niet in staat deze brief met mijn waarheid te schrijven en kom me verlamd, vals en verloren voor. Vals tegenover de verleden tijd, nu verlamd en verloren in deze stad. Ik heb hier niets te zoeken en ik mis je verschrikkelijk. Het is alsof ik je al wekenlang bedrogen heb, met iemand anders, met die stomme, onmogelijke brief in mijn hoofd. Volgens mij wilde ik je alleen maar zeggen dat ik altijd naar je verlang, ook als je bij me bent. Ik had net zo goed thuis kunnen blijven. Het is onnodig bij jou vandaan te gaan.

Tegen verdriet heb ik van oudsher maar één wapen. Ik heb

het vaak beproefd en het werkt. Het is het geschut dat ik inbreng tegen ieder oprukkend verdriet, tegen deze strategische invasies van de pijn: mijn verstand. Mijn verstand is mijn beul en mijn slachtoffer ineen; ik daag het eigenhandig voor het gerecht en moet er zelf over oordelen. Ik beschuldig mijzelf ervan de strateeg te zijn van mijn eigen verdriet en ga na hoe het plan van de vijand in elkaar steekt. De enige vraag die ik mij daarbij te stellen heb, is waarom ik verlangde waarnaar ik verlangde. In plaats van het begeerde, neem ik mijn begeerte in het vizier.

Het verlangen je een brief te schrijven is de vorm die het verlangen naar oprechtheid gekregen heeft. Want ik meen dat het daarom gaat, om het wantrouwen tegenover onze oprechtheid. Het is alsof de waarheid het niet zonder een omweg kan stellen, terwijl de omweg waarvoor wij kiezen, het medium waarvan wij ons bedienen om elkaar te zeggen wat we echt menen, de waarheid corrumpeert en verdacht maakt.

Wij geloven onszelf al lang niet meer. Ook niet als we elkaar zeggen van elkaar te houden. Juist dan niet. Ik hou van je. Alles wat tegenwoordig onder de noemer van de intimiteit de ether in wordt gejaagd, gaat in wezen daarover, over een totale verwarring omtrent wat echt en onecht, waarheid en fictie, persoonlijk en publiek is. Hoe dramatischer en publieker we tegenwoordig het persoonlijke blootgeven, hoe meer we erin geloven dat dit ware intimiteit is. Niks is minder waar.

Ooit moet het woord intimiteit gereserveerd zijn geweest voor besloten momenten, waarop juist het banale als ongewoon en uitzonderlijk ervaren werd.

Ik neem het eerste het beste vliegtuig naar huis terug. Zal ik vrijdagavond pekelvlees voor je klaarmaken?

Daar hou je zo van.

Dag, kussen.
Duif

# ERIEK VERPALE
# *Brief aan Madonna*

LIEVE MADONNA,
Wees nu alsjeblieft niet boos op me omdat ik je vanmorgen vroeg niet wakker heb gemaakt. Je lag nog zo heerlijk te slapen, met je buik bloot, met al je tietjes bloot, zodat ik dacht: Ach, laat ze nu toch nog even liggen, de schat. En terwijl ik in de badkamer de restanten van mijn gebit stond te poetsen, schoot mij eensklaps te binnen dat wij vandaag, 11 augustus 1993, dat wij al ruim zéven jaar samen zijn. Een prestatie, want met niet een van mijn vorige huisgenotes heb ik het ooit zo lang uitgehouden. (Ik stonk uit mijn bek; ik had zweetvoeten; ze konden niet verdragen dat ik 's nachts zat te schrijven; ze wilden altijd gaan dansen en allerlei volk over de vloer.)

Och god. Madonna. Zo heb ik je genoemd, de eerste keer toen ik je zag. Ik weet het nog maar al te goed. En hoe je 's avonds uitgleed en in mijn bad belandde! En ik daarna maar met de handdoek in de weer, en met de föhn om je haartjes te drogen.

Je leek zo klein, zo tenger.

Ik realiseer me nu pas dat wij al vanaf de eerste nacht met elkander geslapen hebben. Je was zo lief. Ik dronk toen nog erg veel, maar je zei niks, niks over de stervenslucht die 's ochtends uit mijn bek opsteeg. Integendeel. Ik herinner me zelfs nog hoe je almaar dichter tegen mij aankroop. Ten slotte kon ik niets anders doen dan je nekje strelen, je oortjes, je rug. Je liet het je aardig welgevallen, moet ik zeggen. Je was zo geheel anders dan mijn vorige kandidaat-verloofdes, want díe moesten 's avonds altijd eerst voorgelezen worden, of langdurig bewerkt alvorens ze met hun pootjes en armpjes opengeslagen in mijn sponde beliefden te gaan liggen. Het enige dat jij al van bij het begin niet kon verdragen, wanneer we dan eindelijk in bed lagen: dat ik rookte.

Of een krant las.

Neen, ik moest ononderbroken met jóu bezig zijn, 'praten' dus, en dan lag je met half dichtgeknepen ogen naar mij te kijken, nog altijd een beetje wantrouwig, dat wel. Wanneer ik in het holst van de nacht mijn bed verliet om naar het toilet te gaan, dan volgde je mij. Jij hebt mij overal gevolgd. Op een avond trok ik naar het café van Moeder Zulma en wie stond daar tien minuten later op de stoep? Jij dus.

Natuurlijk is het tussen ons niet altijd vrede geweest. We zijn elkaar weleens ontrouw geweest, ja toch? Of ben je Hagar soms vergeten, die macho uit de Voddenstraat die zelfs voor mijn auto kwam gesprongen, de linkerd. Maar goed. Jij met Hagar, en ik met dat Kaasbolletje uit het verre Holland. Ze hield van mij. En jaloers dat ze was. Daarom moest ik kiezen. 'Zij of ík!' schreeuwde ze. Maar ik koos voor jou. Meisjes bij de vleet, dat wel, maar er is natuurlijk maar één Madonna. Ook al zag je er niet altijd even florissant uit, bij voorbeeld die keer toen die fijne mijnheer Hagar je na de liefde met beestjes naar huis had gestuurd. Nu ja.

Ook ík ben niet altijd even fair geweest. Ik herinner me dat ik je ooit 's van de trap gesodemieterd heb toen je hoogzwanger was. Natuurlijk, ik weet het: ik was doodop, moe dus, en dronken, en zeer ongelukkig. Dat Hollandse meisje wilde alleen maar met me trouwen als ik jou in de steek zou laten, en dat wilde ik voor geen geld.

Wat een leven!

Hoe zou ik je ooit kunnen laten gaan wanneer ik weet dat jij er altijd bent: toen ik nog in die verschrikkelijke discotheek werkte, wie wachtte er op mij? Toen ik uit Bologna terugkeerde? Toen ik eens een nacht bij de Turken had doorgebracht? Toen het liefste joodse meisje van heel Gent uitgerekend in een bránd bleek te zijn omgekomen, wie wachtte er op mij?

Dat is liefde.

Er is zoveel dat ons bindt. Bij voorbeeld: toen ik mijn doodongelukkig boek schreef, wie hield mij toen nacht na nacht gezelschap in de rooie fauteuil?

Ik weet het wel, louter en alleen om wat aandacht te krijgen scheet je soms de mat onder, of je piste op *Vrij Nederland*. En toen ik van verdriet en armoede mijn haren uitrukte, toen deed jij hetzelfde, want solidair met het baasje had je vlooien gekregen.

Maar kijk. Vanmorgen lag je zo prinsheerlijk te slapen dat ik dacht: Ik laat haar maar liggen. Maar wees gerust, vanavond kom ik naar je toe, met vers strooizand voor jouw toilet, met duur kattevoer, met een reserve-vlooienbandje, en met dus een foto van Hagar die inmiddels al twee jaar dood is, overreden door een auto toen hij op weg was naar jou.

Hier sluit ik. Klim s.v.p. niet in de gordijnen wanneer ik iets later dan gewoonlijk arriveer. Je oude huisgenoot,

E.

# LUUK GRUWEZ
# *Brief aan Piepelotje*

HASSELT, 18 JUNI 1993

*En ist de liefde niet, wat ist dan dat my quelt?*
*En ist de liefde ooc, wat mach de liefde wesen?*
Jonker Jan van der Noot

BEMINDE PIEPELOTJE,
Het is kwart voor elf en niets te beleven. Ik heb mij vandaag, hier ter stede, op het Sint-Hubertusplein, een zeer deugdzame doodkist besteld van de pecuniën die mij door de minister van Cultuur zijn toegezegd en die weliswaar nog niet op mijn rekening zijn gestort, maar alla: geld moet rollen. Wat een exquise, gedegen begrafenisondernemer bij wie ik mijn aanschaf heb gedaan! En hij luistert naar de naam J. Ballet. Ik weet nog dat je zei, toen wij vorige week voorbij zijn zaak reden: 'J. Ballet, Johny Ballet, aan mijn lijf geen polonaise als ik dood ben.' Een polonaise heeft hier evenwel niets met muziek en dans te maken, maar is – ik citeer Van Dale – 'een achttiende-eeuws dameskledingstuk, een japonlijf met een lange schoot die aan de voorkant van het middel af openvalt'. Wauw! Zou dat dan toch niets voor jou zijn?

Terug naar Johny Ballet. Vorige week regisseerde hij de uitvaart van de jonge kerel met die Engelse naam, je weet wel, die 'foornijveraar' die zich in het weekend te pletter had gereden met zijn Yamaha 500cc, op zijn duozit een medepassagier de Hades in sleurend. Op een Yamaha. Hij die enkele dagen voordien nog de scepter zwaaide over een wagenpark van blinkende botsauto's. De Lord, de koning van de kermis, dood in de goot. Aan jouw lijf geen polonaise, aan het mijne wel. Kwestie van protest. Ik wil een vrolijke uitvaart met friet- en oliebollenkramen, een vliegend tapijt, een spiegelpaleis, schiettenten en één kraam met karakollen: slakken in een chique villa, maar voor de rest zo week, zo meelijwekkend als een kindergeslacht.

Het is bijna elf uur en vandaag is het de verjaardag van onze eerste ontmoeting. En één ding weet ik zeker: 'Zelfs als ik dood ben, wil ik altijd met je slapen.' Dat schrijft, geloof ik, Elly de Waard. Maar J. Ballet had geen doodkisten voor twee. Meer nog: die zijn helemaal niet in de handel, schijnt het. Er is in de wereld plaats voor drie miljard, maar niet voor twee. Ik heb dan maar zo'n donkerbruine eikehouten kist gekocht, laqué, en met twee stevige bronzen handvatten aan beide zijkanten.

Qua houttextuur doet ze denken aan de solide schrijftafel die mijn schrijnwerkende overgrootvader een goede halve eeuw geleden heeft vervaardigd. Een huzarenstuk. Want hij moest die klus klaren met één hand: zijn andere was een tijd daarvoor bij het zaagsel beland, een feit dat hem er niet van weerhouden had – dat wordt mij althans verteld – de plank waaraan hij net begonnen was, eerst verder doormidden te zagen. Daarna nam hij rustig de tijd om tussen schaafkrullen en de houtresten dat wat aan zichzelf ontbrak op te rapen. Waarna hij, in het geheel niet van streek, bijna goedgemutst, met dat ding de huiskamer in marcheerde voor de ogen van mijn onthutste grootmoeder, die net garnalen aan het pellen was. Ik mag er niet aan denken dat ik maar één hand zou overhouden om je te strelen, Piepelotje. Ik ben met twee handen al een invalide, een steuntrekker van de min.

Ik denk wel dat je ervan zult houden, van die doodkist bedoel ik; ze wordt thuis bezorgd voor je terug bent uit de Vogezen. Ik zal weer erg spraakmakend zijn bij de buren. Wat mij geweldig vermaakt. Jij weet toch dat ik helemaal geen morbide vent ben en beschik over een geest die geheel is gevuld met babykleren en doopsuiker en fopspenen, terwijl mijn dromen uitsluitend met fijne, kokette dameslingerie zijn gedrapeerd?

Komaan, het is onze verjaardag, en vandaag ben ik verliefd op alle dagen van ons leven, de goede en de kwade. Maar o, wat ben ik bang voor je lichaam. Hoe gaat het met je dikke darm en met je lever? Hoe is het gesteld met je lymfevaten en je alvleesklier en met je CEA en je rode en witte cellen? En met de bezinkingssnelheid van je bloed? Wat moet je zo'n lichaam offeren opdat het zich zou gedragen, opdat het zich zou verwaardigen gezond te zijn en niet te mopperen? Daar pieker ik over. Het is zo vreselijk erg dat mensen van elkaar houden. Haat heeft beduidend minder nevenverschijnselen dan liefde. Denk daar maar niet aan, ginds in je kuuroord. Denk bij voorbeeld aan de tijd toen wij samen in die streek waren, in Obersteigen. Hoeveel jaar is dat geleden? In elk geval was het eind augustus, zwoel zomerweer, en de god van de kanker had je nog geen aanzoek gedaan.

Wil je met mij slapen als ik straks oud en lelijk ben? Wil je mij chocolademelk en boterkoeken brengen en ondertussen nalaten dood te gaan? Laat ik me maar van je toekomst verzekeren, want op je hele verleden ben ik jaloers: op je pensionaatstijd, op je kinderjaren, op het vruchtwater waarin je paddemoedernaakt rondpeddelde in je moeders schoot... je kunt het zo gek niet noemen. Op jongens ben ik jaloers, die tijdens zomerbals zomaar hun hand op je knie mochten leggen.

De knie van een snoezig lief met treurig fonkelende ogen. Een hand op een knie. Eens, in 1966, heb ik dat gezien op een scoutsbal in D. In dancing The Golden River. Kun je nagaan hoe lang dat geleden is: een discotheek heette toen nog gewoon dancing. Daarna ging ik naar huis en ik zag de hele nacht alleen maar die hand op die knie, die hand op die knie. Het had me weinig of niets gedaan dat na die handoplegging zo'n lange tongzoen was gevolgd: in West-Vlaanderen noemen wij dat een 'pieper'. Piepers had ik immers al vaker gezien, onder meer op de televisie en ook van mijn neef en zijn lief die zich daar schaamteloos en vakbekwaam in oefenden. Vraag mij niet naar de in rococo en crêpe de chine ingebedde kut of naar de biggevelroze vagina van Vanessa of Patricia in de *Penthouse* van vorige maand. Vraag mij naar het geslacht en ik ben het vergeten. Het geslacht is het lelijkste wat een mens heeft. Hij schaamt er zich met recht over. Neem nou een penis. Dat vind ik bij een gnoe of een stier al niets. Geheel terecht eindigt die met een scheldwoord: eikel! Het is passend en billijk dat wij ons door middel van het lelijkste dat wij hebben verenigen. Vraag mij niet naar een geslacht, maar naar een hals of naar een schouder. Of naar die hand op die knie, diep in het paleolithicum van mijn erotiek: daar weet ik nog alles van. En nu ben ik jaloers op het water en de modderbaden in je kuuroord. Op alles wat je aanraakt.

Of neen, ik ben niet jaloers, ik ben nieuwsgierig omdat ik jou niet ben. Liefde en haar nevenverschijnselen. Om met Marguerite Yourcenar te spreken: 'Ik kan niet dieper vallen dan uw hart.' Of met Jan van der Noot: 'En ist de liefde niet, wat ist dan dat my quelt?'

Tussen hangen en wurgen, tussen wachten en verlangen heb ik vanavond gekeken naar een Franse film waarin ik Lino Ventura – uitgezakte buik, sigaar haast stukgesabbeld in de rechtermondhoek – op een gegeven moment hoorde filosoferen: 'Sais-tu pourquoi j'ai épousé cette femme? Un jour je ne savais pas quoi lui dire. Alors je lui ai dis: "Je t'aime." Zo, stel ik me voor, kan liefde ook beginnen. Uit verveling.

Zo is het bij ons niet begonnen, die achttiende juni. Wij kregen elkaar lief in een basiliek, de discotheek van God, omgeven door cultureel gedresseerde platlandici met Tongerse tongval, zes of zeven eeuwen ernstig ogende gotiek en een melancholiek opgetutte, smachtende Gustav Mahler: ideaal decor van een liefde voor altijd. Die nacht: Yamaha! Alsof wij juichten voor onszelf. Il n'y a que les puts qui baisent en silence (twintigste-eeuws Frans gezegde).

Liefde is het enige dat je mag, dat je moet morsen. Wij zijn voorbeeldig blijven morsen: iets teders tegen een binnenwand van het heelal. Doe liefde in een spaarpot en zij gaat slinken. Ze levert pas voldoende rente op als ze voortdurend wordt verkwist.

Voilà. Opa heeft gesproken, Piepelotje. Welke onzin nu nog meer? Liefde, dat is l'art pour l'art. Maar kanker, die foeilelijke, bemoeizieke, handtastelijke meneer, die net als ik zijn zegje wil hebben in je lever en je longen en je alvleesklier en die van alles van plan is met de bezinkingssnelheid van je bloed, dat is – als je het mij vraagt – een producent van entartete Kunst. Ik weiger zijn meesterschap te erkennen. Ook ben ik het niet geheel eens met madame Natuur. Niet met haar zonsondergangen, niet met haar vallende bladeren, haar wanbeleid van de begeerte, haar dood. Zij mag gerust van alles hebben. Ik ben met weinig tevreden. Voor mij is een vrouw met één borst, één oog, één oor, één enkele schouder goed genoeg. Ik kom toe met de helft. Als het maar de helft van jou is. Maar die kleine roze tepel blijft van mij. En laat ook het hart maar heel. Alstublieft, laat het hart toch heel.

Veel liefs,
L.

# PJEROO ROOBJEE
# *Brief uit Lobbes*

LOBBES, 5 AUGUSTUS 1993

ARME, WREDE LIEVELING,

Bezie mij, onverbiddelijk dode schat, zie mij hier zitten in deze smartelijke *bourgade* van eerbiedwaardig steengruis, krijg besef van mijn staat in dit oord waar ik zo lang en heftig, week na week, naar jouw komst (*jouw onvergelijkbare aanwezigheid, poessie, jouw niet te vervangen, niet te overtreffen silhouet!*) heb uitgekeken. Hoe ik elke terp heb bestegen, ieder rotsmuurtje ben opgeklauterd, alle heuveltoppen heb veroverd in de hoop jou te zien naderen. Hoe ik, rusteloos van hunker en verlangen naar jou, woeste zwerftochten heb ondernomen, wilde reizen naar alle zoete plaatsen die we samen zagen. En hoe ik daar – bijsterzinnig van ongeduld, mezelf geen rust gunnend, immer heviger laverend tussen de welribben van Herigers hofplaats en het Frankische slingerkruid rond de verpoeierde ogieven – hoe ik daar, zoals ik al zei, met toeë ogen meende jouw parfum, de geur van jouw unieke meisjeslijfje te mogen opsnuiven, een odeur zo levendig en bijkans tastbaar, een geurigheid die almaar in kracht toenam, een bedwelmende getuigenis van jouw snel naderende komst.

En toen – terwijl ik harder dan hardst op mijn oogschelen begon te persen en mijn slijmvliezen onverdraaglijk verrukkelijk tot ver over de pijngrens door jouw suaviteit werden aangevallen en ik dacht: nu kan het niet anders dan dat zij, mijn poessie, zeer vlakbij is, nu doe ik mijn ogen open en zij zal daar staan, een handbreedte van mij vandaan – toen kwam jouw brief. Een brokkelig wangedicht, gediefd uit een verzenboek. 'Verwacht me niet. We moeten deze episode maar beëindigen, ze heeft geen toekomst meer, blijft slechts herinnering. Vernietig al mijn primitieve brieven. 't Zou belachelijk zijn als die gevonden werden bij je literaire paperassen.'

Het was op de eerste dag van de lente dat ik bij jou in ongenade viel. De eerste warme dag in dit barre gewest. De thermometer wees negentien graden in de schaduw aan. En het was in de zon dat ik jouw afscheidswoord vol gestolen letters lezen moest. Drieëntwintig graden en in mij de koude van beide polen. Ergere kleumkou moet nog uitgevonden worden, meende ik op dat late maart-uur, groter lijden bestaat niet. En zie, o vloekbeest, al te wrede engel: dat groter smertsel bestaat wel. Die onmogelijk geachte, nóg kolossalere pijn, die is vandaag gearriveerd. Zij is in mij komen hokken terwijl ik me aan het verdiepen was in de avondeditie van *L'Eclair de Leuze* en daarin las dat jij je hebt laten uithongeren. 'Ik heb besloten niet meer te eten. Ik heb een hoop moeilijkheden en wil sterven.' De laatste zinnen uit het dagboek dat naast jouw doodsbed werd gevonden.

En nu zit ik hier, poessie, een halfuur na die allerverschrikkelijkste lectuur, nu zit ik hier in de nacht van deze troosteloos geworden abri – *dat voor altijd verloren onvoegzame nest van ons!* –, nu zit ik hier naar jouw hiernamaals te schrijven, glas na glas verdrinkend en hopend dat mijn gehakkel jou bereiken kan.

(Als zulk een kunstgreep uitvoerbaar is, arme lieveling, als je vanuit jouw nieuwe thuis dit epistel ontcijferen kunt, wel, denk er dan aan dat onder deze bezopen zinnen – *o, mijn God, dat gebazel waartoe loslippige, al te makkelijk schrijvende zuipschuiten zich zo gaarne lenen!* – achter deze de bostella dansende regels, dat daar sprake is van liefde, van standvastigheid en onlosmakelijke, oprechte trouw aan jou, mijn musje.)

Natuurlijk heb ik jou ooit bedrogen. Met háár. Omdat wetten en conventies zulks voorschrijven. Natuurlijk was ik jou ontrouw. Een trouweloosheid als weerwraak. Toen ik weet kreeg van jouw faux pas. Natuurlijk heb ik eens gezworen: 'De eerste rosse die ik tegenkom, doe ik binnen!' Dat was op 21 maart, de dag dat jij niet meer aan mij verschijnen wilde, de dag dat ik bad: 'Ik zal alles laten, niet meer drinken, niet meer roken, als zij maar terugkomt.' Natuurlijk heb ik ooit gekeeld: 'Laat mij met rust, koe, ga weg, ik heb een ander nu, achtervolg mij niet of ik laat mijn honden op je los.' Jij, pienter dier, wist dat ik, jaloerse aap, die nieuwe liefde aan het uitvinden was binst dat ik erbij stond, dat ik hartstochtelijk verlangde dat jij bleef. Dat ik zonder jouw genezingwekkende aanwezigheid een dode was, een kadaver ben. Hoe ik bij elke stap van jou naar mij vol verrukking dacht: O, wat vangt die vervloekte teef, dat goddelijk wezen, die kleine dondersteen nog allemaal met mij aan.

Te pas en te onpas hield en hou ik van je, vezel van verlangen, te pas en te onpas moest en moet ik om jou huilen. Het was dapper dat dromen en beginnen. Het was zinken, zingen en verdrinken en dan weer beminnen. Het was te durvig, achtvoudig onbedaard van aard dat lieflijk moordend spel van ons, die dartelheid van het begin. Het was parmant dat jagen en ontspinnen. Het was het schaduwen van schimmen, ontsporing van zinnen. Het was te onverbleekt, zonder maat, te kras van ras dat minzaam grimmig lachspel, al die kuren van ons. Het was vrankvrij dat jachten en ontginnen. Later werd het labeur, sleur, een droeve wanoogst liet zich winnen. Het was te wispelturig, tomeloos, te onpuur van natuur dat lustig wurgend breekspel van ons, die gril. En toch duurden ze te kort, die rendez-vous van ons. Ze waren altijd ver, te ver en nooit te ver, immer gevaarlijk dichtbij. Soms was je te veel licht, te zeer gericht. Nu ben je de tranen op mijn gezicht.

O nee, beestje, zeg nu niet: 'Dat de duivel je hale met je larmoyante verhalen, je kreupele zondagsrijmen van de achterkant van de almanak, jij snotteraar!' O nee, zeg dat vooral niet. Zulke woorden zou ik niet verdragen van een meisje dat ooit op een badkamerspiegel schreef: 'Al spreek ik met de tongen van engelen en mensen, als ik de liefde niet heb, ben ik niet méér dan klinkend koper of een schelle cimbaal. Al spreek ik met de tongen van serafijnen en zielen, als ik de liefde niet heb, ben ik niet méér dan klabetterend blik of een dolle ratel.'

Ach, onverbiddelijke, niet te bereiken lieveling, ik zie weer jouw vingers die de lippenstift omknellen, ik hoor het zachte, schier onverdraaglijke schuren van het karmijnen staafje over het spiegelvlak. Weer fluister je mij toe: 'Nu weet ik hoe de liefde eruitziet.' Deze herinneringen snokken aan mijn ziel, rijten mij uiteen, laten mij aan flarden achter. Schenk mij een vingerhoed moed, poessie, zodat ik niet verplicht word voor de zoveelste keer in tranen uit te barsten. Ik doe mijn ogen toe. Pers verwoed op de schelen: dammen tegen de oprukkende waterlanders. Nu valt jouw geur mijn neusgaten aan. Gauw sper ik mijn ogen open. Jouw odeur van jong meisje wil ik tot morgen sparen. Pas dan zal ik jou – tussen de resten van Herigers hofplaats – inhaleren, jou opsnuiven tot jij met huid en haar in mij zit. Tot jouw onsterfelijk wezen in mij hokt. Tot morgen in mij, poessie.

# MONIKA VAN PAEMEL
## *I had a farm in Africa*

LIEVE...
Al je weduwen treuren. De een is aan de drank, de ander heeft een minnaar. 's Nachts hangen ze aan de telefoon en klagen. Alleen je echtgenote blijft overeind, daarom was je ook met haar getrouwd. Zwakke mannen zoeken een sterke vrouw om hun bestaan te regelen, daarna gaan ze vreemd.

'Ik heb veel liefjes,' pochte je, maar ik wist dat je onzeker was, en dat je hoorns werden opgezet. Alles wat je niet beviel, noemde je dom, en je vond vrouwen wel slim, maar niet bijster intelligent. Voor mij wilde je een uitzondering maken, maar ik bedankte voor een troostprijs. Toen je mij vroeg mijn kleren uit te trekken, was je al bezig dood te gaan. 'Jij bent de mooiste,' fluisterde je, en ik noemde je een domme jongen. De zusters kantelden je op je rechterzijde, en ik zag je gezwollen buik en omzwachtelde benen, met daartussen, als een slak, je machteloze geslacht. Het waren de goden niet die je straften voor de lust, maar het onvermogen dat als een kanker aan je knaagde.

Zoals jouw vrouwen wil ik niet worden, en zoals jij gecrepeerd bent wil ik niet sterven. Daarom schrijf ik over de erfenis van onze vriendschap die liefde is gebleken. Een ander is uit jou opgestaan, een man die onverhoeds in mij is gedrongen, en aan mijn verlangen voldoet. Vollediger trouw is jou nooit gegeven.

Ik had je graag de eeuwige zaligheid gegund, maar met de dood begint het grote vergeten, en wat jou betreft berust ik daarin, want jij was niet voor het leven. Al werd je niet cynisch, je begon alle drift belachelijk te vinden. Je geloofde niet in vriendschap tussen mannen en vrouwen, alsof de sekse een kloof was die alleen door een erectie kon worden overbrugd, voor even, gewapende vrede, meer niet. Maar dat wij vrienden waren, kun je niet meer weerleggen, dat het bij vriendschap is gebleven, kwam ook door je vrouwen; achterdocht en bitterheid maakten hun gezichten hard, ze werden vroegtijdig oud. Je offerde op het altaar van het genot als een ketterse priester. In lucide momenten definieerde je jezelf als een veelzak. Het was warempel niet voor niets dat je bang was voor je castrerende echtgenote.

Verraderlijke schorpioen die in een helse cirkel van vergeefs begeren een vernietigende dans uitvoerde. Je hebt me het beeld van de kwalijke angel en de schoot als gifbeker grinnikend aangereikt, maar je hebt me nooit zover gekregen dat ik die versie van de dood vermomd als leven voor waar aannam. Op zoek naar de universele liefde wipte je van bed tot bed, bij mij kwam je koffie drinken. En op een zomerdag, verscholen in het lover van de tuin, zei je plompverloren: 'Je hebt goddelijke schouders.' Ach, je was een aantrekkelijke man en je bezat de gave van het woord. Zelfs je bejaarde moeder zat aan je ziekbed als een koket meisje. Maar in je koortsdromen was je een lustmoordenaar, je werd bezeten door visioenen van gefolterde vrouwenlichamen, zozeer was de lust in angst vergaan. En je schaamde je voor de opdringerigheid van je geliefdes, die in een ultieme poging om althans een deel van je te bezitten, elkaar je kadaver betwisten.

Op een avond was je alleen in de verduisterde ziekenhuiskamer, je ademde als een vrouw in barensnood, het parfum van de dood hing om je heen als een lijkwade. Ik streelde en zoende je, maar niet op je mond, bij alle mededogen kon ik dat niet opbrengen. 'Doe nog zo van die dingen,' smeekte je. Een barmhartige god had je op dat ogenblik laten sterven.

In november vloog ik naar Kopenhagen, en verbeeldde me dat ik je schim langs de kille kanalen zag dwalen. Nog nooit was ik zo alleen geweest. Ik bezocht het huis van Karen Blixen en herinnerde me hoe je plagend beweerde dat ik op Meryl Streep leek. Met enig dédain had ik volgehouden dat het net andersom was. Het huis van de schrijfster was een museum vol uitgediende meubels en verdroogde pennen. Ik keek uit over de zilvergrijze zee, en moest de impuls bedwingen om je in die andere wereld op te bellen en met een Deens accent de fameuze beginregel uit *Out of Africa* te citeren: 'I had a farm in Africa...' Jij vond de film vanzelfsprekend dom, maar voor mij was het een meisjesdroom. Afrika, de eindeloze landschappen, kampvuren die naar tropisch hout geurden, de smaak van whisky, en zwarte bedienden die nog geen rebellen waren, een koloniaal sprookje.

Voor één keer had ik Meryl Streep willen spelen, te paard door de bush, of met wapperende haren in het vliegtuig van Robert Redford. Ik moest toegeven dat het verhaal een smartlap was, een blanke natte droom. De minnaar die aan- en afvliegt om ten slotte als Icarus zijn vleugels aan de zon te branden, een nobele uitknijper. Liefde die absoluut wordt omdat ze onmogelijk blijkt. Geperverteerd romantisme. Jij was in hetzelfde bedje ziek, al ontkende je het heftig, maar wat kon het me schelen, ik was niet verliefd. Ik vertolkte in die film de taaie slanke dame, vrijgevochten, en altijd smaakvol gekleed. Cultuur als sublimatie van het aardse, alleen en niets te verliezen, zonder illusies en eindelijk, eindelijk volwassen. Zo was ik je wel bevallen, zo had je van onze ontmoetingen wel een herdersuurtje willen maken. Een desperate speler die niet meer in het spel kon geloven.

En toch, er waren scènes in *Out of Africa* die bij mij als het ware heimwee opwekten naar de samenhorigheid van het paar, en naar die ogenblikken waarop de waakzaamheid en het verweer wegvallen: als Meryl Streep en Robert Redford op jacht gaan en in de wildernis kamperen, samen eten en naar Mozart luisteren, en als ze vrijen en hij haar vraagt niet te bewegen, maar zij kan niet anders. Bitterzoet. Jij dacht dat ik het verlangen controleerde omdat ik de begeerte niet kende, en zo aan de overgave ontsnapte. Welnu, mijn vriend, je vergiste je eens te meer. Ik beefde toen ik mijn hand op hem legde, toen hij zich over mij boog en ik de warmte van zijn lichaam voelde. Nooit vergeet ik zijn blik, we moesten praten, zei hij, maar ondertussen rukte hij zich de kleren van het lijf, en ik verviel in het brabbeltaaltje van de liefde en slaakte kreetjes van verrukking, tot we zozeer in elkaar opgingen dat zijn genot en mijn genot een en hetzelfde waren, alles in alles, is dat niet waarvoor wij leven, voor die ogenblikken wanneer wij in elkaar verzinken en aan onze beperkingen ontsnappen?

Nee, kom me niet met de dood aan het lijf, zeg niet dat morgen alles voorbij is, dat wij eenzame lichamen zijn, vervuld van weemoed, op zoek naar nestwarmte, en dat we daarom bij elkaar kruipen en voor alles vergetelheid zoeken. Ik wil niet vergeefs beminnen, ik wil dat wij in de herinnering blijven bestaan, desnoods zal ik de toekomst verzinnen. Zoveel liefde is aan jou voorbijgegaan, wat is er overgebleven van al die copulaties, van al die opgeklopte emoties en geveinsde begeerte? Je was zo bang iets te missen dat je op niets of niemand kon wachten. Je rukte als een hond aan de ketting, ontrouw omdat je niet vrij was, altijd gebonden maar nooit verbonden. Uiteindelijk liep je jezelf voorbij; de man die over zijn schaduw sprong.

Wie liefheeft, moet in vrede oud kunnen worden; als mijn geliefde naar me toe komt, zie ik hem zoals hij is, zoals hij was, en zoals hij mogelijk zal worden. En geloof me, ik ben niet met blindheid geslagen. Maar ik kan hem niet vergeten omdat ik dan mezelf kwijtraak.

Weet je nog dat je bang was dat je jezelf niet meer in de ogen zou durven kijken, dat je spiegelbeeld je als een vreemde zou aanstaren? Mijn angst is altijd geweest dat ik op een dag voor een lege spiegel zou staan, dat ik mezelf had uitgewist, want alleen door jezelf besta je niet, je wordt ook wat je bent door de blik van de ander. Wij zijn wat we maken en nalaten, en 'faire l'amour' behoort daartoe. Je eenzame gebeente in die vochtige akker, ach lieve vriend, vannacht zal ik je gedenken, en hem even teder als wellustig beminnen. Zonder liefde zijn wij koud, en liefhebben is waarachtiger dan sterven.

Voor altijd je,
M.

# WALTER VAN DEN BROECK
# *Hou mij heel hard heel*

LIEFSTEN,
Op 28 maart 1941, om zes uur 's ochtends, perste jij me met een luide kreet je lijf uit en de wereld in, liefste moeder. Het schijnt dat ik nogal tegenspartelde. Alsof ik toen al wist dat Het Leven een vergiftigd geschenk was, omdat ik het ooit terug zou moeten geven.

Je gaf me ook enkele richtlijnen mee. Dat ik altijd rekening moest houden met andere mensen; vader deed dat nooit. Dat ik mij altijd aan de regels moest houden van elk spel waaraan ik deelnam; vader speelde altijd vals. En dat ik gerust mocht dagdromen, maar niet zo lang als vader, want een mens moet drie keer per dag eten, waarvan liefst één keer warm.

Men vraagt me de laatste tijd weleens waarom ik zo zelden je graf bezoek. Het antwoord is eenvoudig. Wat daar op het kerkhof ter aarde werd besteld, is slechts je stoffelijk omhulsel. Je echte zelf heeft zich van bij mijn geboorte in mij genesteld. Ik kwam uit jou, jawel, maar terzelfder tijd kwam jij in mij, en werd mijn voering. Waar ik ook ga of sta, overal neem ik je mee. Eerlijk gezegd, soms benauw je me zodanig hard dat ik je los zou willen tornen. Maar lukken doet dat nooit. Verstellen wordt verminken, keer op keer.

Jou zag ik op school tussen je vriendinnen staan, liefste vrouw. Galaxieën botsten, een bliksem trof me midden in het hart. 'Dat is ze!' reutelde ik tegen een vriend. Tegenspartelen hielp ook nu niet, en zie, ik maakte alle clichés nieuw: ik at niet meer, sliep niet meer, las poëzie, miste treinen, droeg sokken van verschillende kleuren. Je kan het niet zo gek verzinnen of ik deed het.

Je was één en al tover. Hoe je keek, hoe je stond, hoe je zat, hoe je bewoog: zo had geen meisje ooit gekeken, gestaan, gezeten of bewogen. De hele wereld moest wel blind zijn dat hij dat al niet veel eerder had gezien.

Je kent het vervolg. Ik zat achter je aan, je ging uiteindelijk voor de bijl, en verloor daardoor je tover. Na achtentwintig jaren botsen er geen galaxieën meer en slaat de bliksem niet meer in. Gelukkig maar, want het is inmiddels wetenschappelijk bewezen dat een verliefdheid die langer dan twee jaar aanhoudt, het menselijk organisme zodanig ontregelt dat de zelfvergiftigingsdood er spoedig op volgt.

Soms wil ik nog weleens betreuren dat ik die vergiftigingsdood niet ben gestorven. Ik zou me vandaag minder schuldig voelen. Maar dan denk ik: Onzin! Je zou vandaag helemaal niets meer voelen. Ook niet de warmte van het kacheltje dat jij in mij brandend houdt. Want, jawel, ook jij bent bij me ingetrokken en bereddert er in samenspraak met moeder mijn huishouden. Daar word ik weleens korzelig om. Was ik maar alleen, denk ik dan, dan zou ik de wereld eens iets laten zien. Maar als je er niet bent, zit ik op je te wachten, zoals de dag op de nacht, het brood op de honger, de pen op de inkt. Je hoeft de deur maar uit te gaan en ik kan niets meer vinden: mijn kleren niet, mijn woorden niet, mezelf niet. Pas als je weer thuiskomt, vind ik mezelf terug en voel ik me weer compleet. De blikseminslag van weleer moet ons op Siamese wijze aan elkaar hebben geklonken. Soms heb ik pijn in jouw rug, soms heb jij zeer aan mijn maag. Wij zijn, vrees ik, niet dan via operatieve weg van elkaar te scheiden.

Soms ben je echt, soms ben je van papier, liefste lief. Soms ben je blond, soms ben je zwart. Soms ben je klein, soms ben je groot, soms ben je ziekelijk doorschijnend, soms ben je schaamteloos gezond. Soms passeer je, zoals Piet Paaltjens' Rika, in sneltreinvaart. Soms blijf je jarenlang. Maar altijd sla je toe als een dief in de nacht. Nu eens met een woord, dan weer met een lach, een blik, een zucht. Soms met... ik zou het bij god niet weten. Wat het ook is, de galaxieën botsen, de bliksem treft mij midden in het hart en pookt mijn oude hunker op. Maar ik heb intussen mijn lesje wel geleerd. Ik maak mij niet meer bekend, ik spreek mij niet meer uit. Wel nader ik ongezien je rand en sluit, behoedzaam als een vlindervanger, je tover in. Waar je van dan af aan ook gaat of staat, je tover blijft bij mij, in mij. Zelfs nadat in Ispahaan de Dood je vege lijf gehaald zal hebben. En telkens als ik in mij naar hem kijk, weet ik dat ik leef, want ik *begeer*. Niet genoeg om eraan dood te gaan, maar ruim voldoende om mijn zinnen te doen zinderen.

Liefste moeder, jij die mij 't leven gaf, liefste vrouw, jij die mijn leven deelt, wees niet boos op deze *princesse lointaine*. Zij is niet slecht, zij is niet echt, zij is maar schijn. Zij is de geroofde tover van duizend vrouwen die van de prins geen kwaad weten. Samen vormen jullie een drievuldigheid waardoor ik ben bezeten en bezet tot in mijn verste vezels. Ik ben helemaal vol van jullie. Ik ben niet dan door jullie. Mijn lot berust geheel in jullie handen. Als jullie van mij houden, blijf dan en hou mij. Hou mij heel. Hou mij heel hard heel.

# WILLY VAN POUCKE

## *Eef*

Lees deze brief! Waag het niet hem te verfrommelen en in de prullenbak te mikken! Ik beloof je, Eef, ik zal je echt niet vervelen. Hou dus voor een keertje je kop erbij. Want ik zal je wat vertellen: die man die je hebt laten stikken, dat ben ik niet. Je kent me niet. Je kent alleen de lul die tussen je benen gleed, nooit heb je enig benul gehad van wat zich onder dat grijzende hoofdhaar afspeelde dat je met beide handen vastgreep. Van die lul wil je niet meer weten, van de kerel waar hij aan vasthangt, heb je nooit wat geweten. 'En dan?' Ik hoor het je zeggen. Maar toch lees je door. Nieuwsgierig Aagje, nietwaar?

Ik zou wijzer moeten wezen. Maar nee, zie mij, ik sta je toe een glimp op te vangen van die onbekende man.

Lees dus deze brief, van voren naar achteren en opnieuw en nogmaals.

Ik gaf je steun, zei je irriterend vaak en je sloeg dankbaar je lange wimpers op, zoals een dreumes die wat veinst. Charmant, o ja, en op den duur zo vermoeiend. Komaan, ga eventjes na op wie je leunde, gans.

Ik gaf je rust. Ik was zo kalm, zo beheerst, vond je. Zal ik je een woordje uitleg verstrekken? Ga zitten. Neem je tijd. Giet je sherryglas vol, want nu wordt het ernst. Niet weglopen! Wat zou je? Opwindend toch, hè? Die knullige goeierd die je alleen maar met troetelnaampjes omhing, begint warempel te schelden.

Ik heb, zoals je weet (maar ik mocht het nooit luidop tegen je zeggen – 'Nee schatje, zeg dat toch niet!'), zo ongeveer een half mensenleven achter de rug, lang genoeg opdat ik in de waan kon verkeren alles te weten van verlakkerij, bedrog, vals geflikflooi, gehuichel, geen enkele lage streek deed me nog wat, ik wist het allemaal wel, ik had ze door, allemaal, ik was gestaald, ik had mijn les geleerd, jawel, met schade, met schande, met waterlanders ooit, met een vage glimlach later, zo'n lachje van 'Zozo, daar heb je het, het kon niet uitblijven', niemand kon me nog raken, want van niemand verwachtte ik wat dan ook, wereldwijs was ik geworden, hoe veilig voelde ik me, hoe weinig restte me nog, uiteindelijk, weinig was genoeg, ik voelde me niet goed, ik voelde me niet slecht, het ging, het ging wel.

Een slang kan ik je dus niet noemen, je verstoorde geen paradijs.

Wat je aanrichtte is erger, zoveel erger. Je hield huis in mijn nirwana, mijn comfortabele woestijn van geledigde verwachting, mijn kleurloze land, vrij van nutteloze hoop, voorbij de verveling, weg van wil en wens. Mijn kale huis. Ik had het er niet goed, ik had het er niet slecht.

Kan ik je een feeks noemen? Een feeks weet wat boosheid is, en jij, ingénue, besef jij eigenlijk wel wat?

Niemand was welkom in mijn cel, niemand werd eruit weggejaagd. Iedereen was voorbijganger, zonder het geringste spoor na te laten. Ik zat er, roerloos, de benen gekruist. Een woordeloze goeroe. Toch kwamen ze. Soms vroeg ik me af waarom mensen mij nog opzochten. Ik gaf hun niets, ik had immers niets te vergeven. Ik zat daar maar of stond daar maar. Dat leek op bereidheid tot luisteren. Ze kwamen nog om te worden gehoord, ook al spraken ze tot een doveman, een dode ziel. Ik sprak hen niet tegen. Ik leek een en al oor, ook al zat het potdicht.

Ekster. Diefachtig, babbelziek wijf. Ha! Niet eens dat ben je niet, je vocabulaire komt uit *Flair* en je steelt niet eens, je neemt zomaar wat je goed uitkomt.

Ik kwam als geroepen, je was een beetje in de war, het kon best wat rustiger aan. Je besloot een tijdje voor anker te gaan. Ik bood je een inham met spiegelglad water.

Kreng! Nee, niet met dat trillend vlees van je! Niet met die dijen die breeduit van liefde schreien!

Een druppende ijspegel ben ik geworden, nadat jij langs me heen streek. Ik smelt verdomme weg. Ik ben veranderd in een miezerige plas die huivert als hij nogmaals wordt geraakt door weer een neerplensende druppel. Zoveel kleffe kou en toch nog pijn. Kou, daar kan ik mee om. Maar die pijn? Zoveel pijn.

Geile teef! Ook dat ben je niet, je wil immers praten, altijd eerst praten, dat hemeltergende *Flair*-geleuter van je.

Jouw *Flair* boven op mijn Schopenhauer. Ungeheuer! Jouw tot een bol gepropte panty's op de badkamervloer, naast mijn lorrige onderbroek. Je bh aan het droogrek, langszij mijn hemdjes, jouw lipstick naast mijn scheerkwast. Ze zijn er niet langer, die rare paren. Er staat weer één bord op de keukentafel. Eén kopje. Eén zachtgekookt eitje in één dopje.

Smerige heks. Eef. Fee.

Hoe kan dat nu, vraag ik me af? Wat heeft zulk een wicht in huis om me te blijven bespoken? Behekst dat lichtgewicht mijn dromen? Hoe is het mogelijk? Ik sla mijn ogen open, na een helse nacht, want met jou in de hoofdrol van die gek makende, een hele nacht durende videoclip achter mijn oogleden, en ik fluister toch wel jouw naam. Echt waar.

Niets kon me deren, ik had het onmogelijke bereikt. Het nulpunt. Niets meer te wensen, nihil te vrezen, alle wijzers roerloos tegen de naald aan.

Totdat.

Toen kwam jij. Zomaar. Omdat er geen verbod bestaat tegen het aan elkaar haken van meiden die geen benul hebben van wat ze kunnen aanrichten en door het leven uitgeputte mannen. Wat dat kan teweegbrengen, weten wij allebei. Hoe dat moest aflopen, wist ik heus wel. Jij ook, beslist.

Zo. Wat is weten waard? Wijsheid is er om in de wind te worden geslagen? Waar is de zin? Van alles maak je je los. Alleen sta je daar. In stilte, want alleen die is groots, en even later tater je volhartig mee met het gekwebbel van een jonge meid die beweegt als de gratie zelve, bewegen jouw bleke lippen mee met die overrijpe lippen tegenover je, als kersen, jawel, zacht en nat en warm ook nog. Je zingt het *Hooglied*, uit de wijs weliswaar. Je wandelt hand in hand, een beetje gegeneerd om de soms meewarige, meestal onverholen jaloerse blikken van mannen van jouw leeftijd, de verachtelijke oogopslag van jonge mannen, maar toch vooral fier, hanig zelfs. Het is lente. Iedereen zal het weten. Alles spruit, alles bloeit. Mag ik nog eens meedoen?

Was het alleen dat? Nee, nee, nee. Het was niet alleen dat!

Soms, op een ijzige februari-ochtend, komt een zachte bries

aanwaaien. Alles lijkt dood, ruikt naar verbrande stookolie. Dit zou mijn maand moeten zijn. Waarom ga ik voor het raam staan en kijk ik, met toch enige verwachting, naar buiten? Het gedruis van de stookketel van de centrale verwarming wekt wat in me op. Dat domme dreunen. Ik schiet in mijn overjas, ga de stad in. Ik kijk, mijn handen diep in de zakken, naar een voorbijtrekkende 'Jongerenmars voor werk'. Ik ben niet meer jong en ik heb een goed betaalde baan. Dit gaat mij niet aan en er schort wat aan de gedemonstreerde nood. De betogers voor werk gedragen zich als op een strandpartijtje tijdens een georganiseerde reis. Ze hebben zich verkleed, ze joelen, ze zingen, ze dansen, ze roepen allemaal hetzelfde. Als mijn neus gevoelloos van de vorst is geworden, duik ik een kroeg binnen. Met de toog tegen mijn rug kijk ik om me heen. Daar zit ze, met rode wangen, opgewonden van de kou en van het opmarcheren.

Zo kan alles veranderen. Op een vriesdag in februari.

Daar zit ze.

Even later ben ik aan de praat, nog later loop ik mee een eindje om, nog later volgt alles wat nu voorbij is.

Eef. Als je het wil, organiseer ik een mars voor liefde voor je!

Ik mis je, Eefje. Feetje.

Ik mis niet alleen jou, ik mis een heleboel. Tijdens die dwaze weken met jou gebeurde er iets met mij. Ik luisterde niet alleen welwillend naar jouw opgewekt gebabbel, ik betrapte me erop dat ik naar de buurvrouw wuifde, een praatje hield met de buurman langs de andere kant, grapte met mijn collega's, op bezoek ging bij mijn oude moeder en dubbel zo lang bleef, dit alles tot hun en mijn verbazing. De knip was van de celdeur. De schizo in wording evolueerde naar een gezelschapsdier. Die minzame man was jouw werk.

Hij bestond niet en bestaat niet meer.

Jij vertrok en nam alles mee.

Jij hebt hem verwekt en vermoord.

Ik ben weer de man die jij nooit hebt gekend. Ik zal nooit meer de man zijn die je nooit hebt gekend. Leer me kennen, Eef. Ik kan venijniger sneren dan die cynische patser met wie je nu optrekt, die...

Wil je hartstocht zien? Explosieve passie, beloof ik je. Beangstigende driftbuien. Gemene uitvallen. Peilloze somberheid. Perverse wensen. Waanzinnige vrolijkheid. Totale gekte. Wanhoop. Woede. Wellust. De hele mikmak.

Ik mis je, Eefje, teefje. Jij weet niet wat je mist.

Nog altijd de jouwe, ontrouwe

# TOM LANOYE
# *Inmiddels, in Havana*

HOTEL GUAMÀ, HAVANA VIEJA, 5 JULI.

Met welke aanspreektitel zal ik je vereren? 'Mijn liefste' zou een leugen zijn, 'mijn waarde' een grap, en 'mijn beste' zou herinneringen oproepen die ik precies wil vergeten – ze zijn te vleiend voor jou, te vernederend voor mij. Laten we die hele aanspreking dus maar overslaan.

Sta me toe dat ik evenmin woorden zoek voor wat ik je heb aangedaan. Ik schaam me er niet voor, ik ben er evenmin trots op. Ik wil het er gewoon niet over hebben. Waarom zou ik je tergen met verwijten die onvermijdelijk uitlopen op een zelfrechtvaardiging? Ik terg je al genoeg, mij dunkt: ik bén in Havana, jawel, gun je ongelovige ogen nog maar een blik op de postzegel, ik heb met opzet een dure gekozen, het is er een voor je collectie en ik steun er, in jouw naam wel te verstaan, je geliefde compañeros mee. (Ik ben benieuwd hoeveel dagen ze erover zullen doen om een simpele, overgefrankeerde brief te bestellen.)

Vierklauwens, zo ben ik ons versleten continent ontvlucht. Ik snelde onze flat uit, net op tijd: ik had je door het raam je bespottelijke sportwagen zien uitstappen. Jij nam de lift naar boven, ik de trap naar beneden; ik spiraalde rond de matglazen liftkoker waarin jij nietsvermoedend naar boven werd gehesen. In jouw bolide reed ik linea recta naar de bank, plunderde mijn rekening en ook de gemeenschappelijke (sorry, hoor) en reed vervolgens naar de luchthaven. Pas daar ('Geen beter oord voor een bevlieging dan een luchthaven!' zou jij schrijven, met je talent voor ongein) koos ik ervoor om hierheen te komen, wetende dat niets jou méér zou ergeren dan mijn aanwezigheid op Cubaanse bodem... Je moet dat maar zien als een eerbewijsje. Een laatste remspoor in het linnen van onze liefde.

Inmiddels lijd ik reeds volop aan de hitte en de politiek van een land dat jij vurig bewondert, omdat je er nog nooit bent geweest, en resideer jij nog steeds in een achterhoek van een nauwelijks bestaande dwergnatie die ik haat uit de grond van mijn hart, omdat ik haar te lang heb bewoond zonder haar uit te kotsen en de rug toe te keren.

Over de reis zelf heb ik niets te melden. Een knarsend anekdotisch wedervaren, geen grein symboolwaarde, tijdverlies... Liever dan een reisverslag op te hoesten zet ik jouw verwachtingspatronen op het verkeerde been. Zonder welke aanleiding dan ook wil ik je hier een droom vertellen die niets met Cuba heeft te maken, maar die ik je al jarenlang heb verzwegen. Dat verzwijgen ging bewust, al weet ik niet waarom. Het scheen me toe dat ik op een of andere wijze schade zou lijden als iemand, zeker jij, kennis kreeg aan de droom. Zoals het mij thans toeschijnt dat ik door hem hier in woorden te reproduceren iets wezenlijks verricht – al weet ik niet wat, en al begrijp ik zelf niet waar hij op slaat.

Ik, die nog nooit een voetbalstadion heb bezocht en er geen plezier in schep langer dan vijf minuten in een drankgelegenheid te vertoeven, ik zat in de middencirkel van een voetbalveld voor een tapkast. Het gras stond kniehoog, toch waren de krijtlijnen goed zichtbaar. Wind woei, ik was alleen. Zover het oog reikte, strekte het veld zich uit, de doelen waren nog amper te zien, één links, één rechts op de einder. Het begon te regenen. Prompt bevond de tapkast zich in een kliniek met hoge ramen. De zon brak door, toch hield de regen binnenskamers aan. Ik werd omringd door lachende verminkten. Hun wonden waren keurig verbonden, maar de pleisters werden nat en verkleurden. Een tandeloze bejaarde schonk mijn glas vol en streelde me over het hoofd, kuste me zelfs op de wang. Toen hij zich afwendde, begon ik te hoesten. Er speelde muziek van een onzichtbare fanfare. Ik probeerde een slok te nemen maar verslikte me, sloeg nog meer aan het hoesten, mijn mond verbergend achter mijn hand. Toen schoot het uit mijn keel. Recht in de palm van mijn hand. Het leek op de opengebarsten bolster van een wilde kastanje, of op een kleine gescheurde egel. Of beter nog: op een van die Chinese vruchten, lychees heten ze, geloof ik. Met dit verschil dat de vrucht in deze bolster niet glazig wit zag, maar rood als een slijmvlies. En dat ze, nauwelijks merkbaar, bewoog.

Ik durfde de vrucht niet uit mijn hand te laten glijden, iedereen zou haar hebben zien liggen op de witte vloertegels. Bijgevolg bleef ik haar tersluiks in mijn hand houden, voorwendend dat ik aandachtig naar de nu dansende patiënten keek. Ze waren naakt en genezen. Niemand hunner sloeg nog acht op mij. Ik voelde hoe de kleine, kloppende vrucht haar schelp verliet en via mijn pols over mijn onderarm gleed, opklimmend naar mijn oksel.

Met die gewaarwording als laatste indruk werd ik wakker. Ik stond op en liep naar de keuken. Ik passeerde jouw kamer, de deur stond open, je lag vredig te zuchten op je zij. Ik zette een kop thee en wachtte tot de ochtendkrant in de bus viel.

Ik zou, gesteld dat ik zoiets wil en dat het enig nut zou hebben, de datum van deze droom kunnen terugvinden. Het was, op de dag af, een week nadat mijn vierde roman verscheen, dus een maand of zo na jouw dertiende boekje. De lusteloosheid die me sindsdien heeft terneergedrukt, is in mijn herinnering altijd verbonden gebleven met de droom. Niet dat hij er de oorzaak van was. Hij was meer een voorteken, het eerste concrete beeld van mijn sluipende walg en woede die zo abstract waren dat ze maar met moeite een tweede concrete vertaling kónden krijgen, mijn schanddaad even buiten beschouwing gelaten.

Jij hebt nooit begrepen waar mijn lusteloosheid op sloeg. Voor zover je erop inging als ik er een zeldzame keer over sprak. Met het optimisme dat jouw oormerk is, zoals spierpijn symptomatisch is voor griep, zag jij er alleen maar een gebrek aan inspiratie in, te bestrijden met wat nachtbraken of een weekje skiën... Inspiratie, 'mijn beste', is wel het laatste waar het mij aan mangelt. Zo mij iets ontbreekt, is het de wil om mijn niet te stuiten verbeelding nog langer vorm te geven. Dat is mijn grote trauma, nu ik de vijftig nader. Tegelijk is het een van de weinige zekerheden die mij resten. Dat mijn intellectuele greep op de creatieve processen zo groot is geworden dat ze me niet meer boeien. Ik herken en doorzie elke verhaalstrategie, elke wending, elke truc, nog voor ze zich goed en wel aandienen. En bijgevólg (ik weet het, dat causale verband is hoogst eigenaardig) verwerp ik ze als zijnde bedrog. Als zijnde niet authentiek genoeg en dús onoprecht.

De conclusie ligt voor de hand. Hoezeer ik er zelf ook om huiver, ik moet erkennen dat ik hunker naar zuiverheid. Naar het onbetreden pad. Naar, zoals ik het ooit in een van je onnavolgbare columns geformuleerd mocht zien, 'een herwonnen maagdelijkheid des geestes'. Maar mijn hunkering zou men ook, en dan minder potsierlijk, kunnen omschrijven als een verlangen naar essentie. Veroorloof me dat ik mijn toevlucht neem tot een wat moeizame vergelijking: zo ik een schilder was, droomde ik ervan om niet langer godsbeelden te schilderen, maar ineens God zelf. (Met als ingebouwde voetangel dat ik vanzelfsprekend een atheïst ben.)

Bij jou heeft zich een tegenovergestelde evolutie voorgedaan. Ik bedoel daarmee niet dat jij hunkert naar zoiets als ónzuiverheid. Ik heb het over jouw zwelgen in elk detail. Jouw steeds groter wordende beschrijvingsdrift, jouw hele gulzige manier van absorberen, van communiceren, van leven *tout court*, waarmee je, behalve een drastische toename van je lichaamsgewicht, alleen hebt bereikt dat je talent is dichtgeslibd terwijl dat reeds in de aanvang niet kon bogen op een wereldschokkende diepgang.

Ik heb jouw verzanding van dichtbij meegemaakt zonder er al te veel bij stil te staan. Dat zijn zo van die nevenwerkingen van de hartstocht. Je wordt er mild en blind van. Bovendien moet ik bekennen dat het almaar aanklonterende succes dat jij oogstte, ook mij naar het hoofd steeg. Voor ongegronde roem geldt hetzelfde als voor een kapitaal dat iemand zonder reden in de schoot geworpen krijgt. Het maakt hem en zijn begunstigden driest en dol, het doodt hun kritische zin. Het duurt geen jaar of ze beschouwen hun lot niet meer als het gevolg van een dom toeval, maar als het bewijs van een hogere voorbeschiktheid.

Ik had beter moeten weten. Ik die jou zo goed als uit de goot heb gehaald, of toch minstens heb gered van een bestaan als verzekeringsagent of ambtenaar van het lagere echelon... Ik die jou vertrouwd heb gemaakt met de literaire meesterwerken waaruit je nog altijd, te pas en vooral te onpas, foutief citeert... Ik die jou tegen mijn zin heb geïntroduceerd in de kunstenaarscafés waar je thans op de handen wordt gedragen (zolang jij maar alle rondjes betaalt)... Ik die de eerste jaren jouw probeersels heb gevlooid tot de literaire bladen ervoor in de rij stonden, die mijn reputatie zelfs op het spel heb gezet om jou binnen te lullen bij de gerenommeerde uitgeverijen die jou nu, om je oplagen, eren als een zonnekoning... Uitgerekend diezelfde ik heeft verzuimd jou in bescherming te nemen tegen jezelf. Na amper drie dagen en op hooguit zo'n achtduizend kilometer afstand zie ik dat des te scherper. Ik heb laten geschieden dat jij je liet besmetten door de werkelijkheid. Je ging voor het alledaagse overstag zoals een huisvader voor een baanhoer, je liet je aanranden door de trivialiteit. Al blijft de vraag wie wie verkrachtte, want je lokte het zelf uit en je genoot ervan als een loopse poedel.

Eerst zweeg ik omdat ik dacht: Laat hem z'n vingers maar branden, zo krijgt hij het vak het snelst onder de knie... Later zweeg ik omdat mijn aanmerkingen toch maar averechts werkten. Je was zo overtuigd geraakt van je gelijk dat je zelfs de meest frontale aanval feestelijk omarmde. Want je vond er het bewijs in dat je controversieel en dús belangrijk was. Je zat er haast op te wachten dat je in de vakpers flink werd afgezeken. Je achtte jezelf godbetert een baanbreker, een naturalistische vernieuwer die niet anders kón dan stof doen opwaaien. In een *celebrity talkshow* noemde je, niet gehinderd door enige kennis van de kunstgeschiedenis, je werk 'een toppunt in de hedendaagse avant-garde' – ik werd misselijk van plaatsvervangende gêne. Eenmaal weer thuis schoof je mijn voorzichtige commentaar lachend terzijde als het gemopper van een academische reactionair, die in *la querelle des anciens et des modernes* onvermijdelijk het onderspit zou delven tegen jou, de kroonprins van de vitalistische toekomst... Ik verzin niets, het zijn je eigen woorden.

Je steile opgang stijfde je nog in je verdwazing. Hoe bekender je werd, des te meer ging je uit je nek lullen over jezelf als bohémien, over 'de kunstenaar als anarchistische onruststoker'. Intussen stond je met je bek in ieder familieblad. Zelfs op de pieken van je populariteit, die je eerder afdwong in tv-spelletjes dan in literaire tijdschriften, noemde je jezelf 'een experimenteel van de voorhoede, die het establishment op zijn grondvesten wil doen schudden'. Om die claim te staven verwees je naar twee boze lezersbrieven na een interview met je in een pulpkrant.

Wat jij doet, is rationaliseren. Het riposteren van kritiek door te zeggen dat je die zelf hebt uitgelokt en dat ze bijgevolg tot jouw verdiensten moet worden gerekend, dat ze zelfs een onderdeel vormt van je werk. Nu goed, ik heb me daar ook weleens aan bezondigd, die paar keer dat ík een negatieve recensie kreeg. Dat ik me belachelijk maakte door me op de borst te kloppen en uit te roepen: 'De hemel zij dank dat díe criticus mij afmaakt, ik zou niet willen beleven dat zo'n onbenul mijn trilogie een meesterwerk noemde.' Maar ik heb van dat soort indekken nooit een systeem gemaakt, zoals jij. In jouw handen verwordt alles tot een systeem. Tot manipulatie, tactiek. Tot marketingstrategie.

Inmiddels heb je je artistieke gebreken zozeer tot huisstijl verheven dat je er nooit meer vanaf zult geraken. Het tijdstip voor een balans is dan ook aangebroken. Ze is niet positief. Waar jij spreekt van 'het registreren om te provoceren' of van 'het puur confrontatief (sic) verwerken van de feiten', zou een nuchterder geest gewagen van literaire onmacht. Van nauwelijks veredelde journalistiek. Hoe anders laten die stukjes van jou zich catalogiseren? Jouw risicoloze conferencetjes, jouw tranche-de-vietjes, jouw – o gruwel der gruwelen – 'cursiefjes over de gewone dingen des levens'... Jij verkleint de afstand tussen de realiteit en de neerslag daarvan zodanig dat er geen afstand meer overblijft. Voor een schrijver geldt wat voor de psychoanalyticus geldt. Hij brengt zijn geloofwaardigheid in gevaar als hij verliefd wordt op het voorwerp van zijn onderzoek. Ik kán niet anders dan een diep wantrouwen koesteren tegen iemand die zozeer van het bestaan houdt als jij. Iemand die zich als een omnivoor wentelt in zijn eigen stinkende welslagen.

In die Augiasstal nog langer stront ruimen? Het kan me van nu af aan gestolen worden. Er is níets meer tussen ons. Geen vacuüm, geen zwart gat. Niets. En het is alleen maar toeval dat ik als eerste daaruit de conclusies trok. Als jij het niet altijd zo godvergeten 'busy' had, was je er misschien eerder uitgestapt dan ik. Van ons tweeën had jíj het kunnen zijn die hierheen was gevlucht om de grote tragikomische confrontatie te vermijden. Jíj had hier kunnen zitten, achter dit notehouten tafeltje in een voormalig koloniaal paleis, schrijvend naar je land van herkomst.

Herejezus! Ik zie de monsterlijke brief al voor me. Je hebt me nog maar net in de steek gelaten maar je opent met een spervuur van gemeenplaatsen over de rampzalige situatie op Cuba, zodat je om de drie regels de Amerikaanse boycot kunt verketteren. En de vraag waarom het tussen ons is scheefgelopen laat je verdringen door de vraag of je aanwezigheid alhier wel politiek correct is te noemen – jij, de rijke salonmarxist die met je poen de ogen komt uitsteken van de echte en dus verpauperde communisten. Of misschien bak je het nog bruiner. Begin je met een beschrijving van de romantische *hall* van je knusse hotel. Of vang je aan met het voorspelbare sfeerplaatje van de Westeuropeaan die, afkomstig uit een somber klimaat, het vliegtuig uitstapt en meteen duizelig en zwetend voor het eerst voet zet op een eiland bezuiden de Kreeftskeerkring. Of misschien heb je je dag en geef je me toch meteen, van bij de eerste regel, pats boem, de volle laag: ik deug niet, ik kleineer je, ik doe je onrecht, ik werk je tegen... Je hele zielige repertoire. Waarbij je je best doet mij nog meer te beledigen dan bij onze allerfelste discussies.

Maar hoe je ook aanvangt, hoe je ook tekeergaat, je brief eindigt met een melancholische noot. Zo ben je. Verhangen aan de kitsch die je voor poëzie houdt. Mag ik een voorstel doen? (Wie weet, misschien kun je het ooit gebruiken in een van je rubriekjes. Je doet maar, je mag 'm hebben van me, gratis en voor niets... Hier komt-ie!) In een driestuiverroman kijken uiteengedreven geliefden steevast des nachts elk door een betralied raam naar de wolkeloze hemel, zich er allebei over verwonderend dat ook de ander, honderden mijlen verder, precies dezelfde volle maan kan zien. Bij welke gedachte hun beider gemoed volschiet en ze zich, ondanks hun verwijdering, alsnog met elkaar verbonden voelen... Jij, met je voorliefde voor schunnige massamedia, zou dat op een gewaagde wijze kunnen 'actualiseren'. Je zit, zo schrijf je, 's nachts in Havana eenzaam en verlaten in je ge-airconditioneerde hotelkamer naar je tv te staren. Meer bepaald naar CNN, het *global news network* dat hier slechts te ontvangen is in een dozijn hotels, alleen de duurste. Verbijsterd besef je opeens dat exact dezelfde beelden op exact datzelfde moment te zien zijn in Sydney, Casablanca en Tokio. In een flits van ontroering zie je zelfs mij zitten, net als jij starend in het oog van de Elektrische Cycloop. Ik, zes uur vroeger levend dan jij en toch kijkend naar exact dezelfde eeuwige beeldengloed, ik, onderuitgezakt in een designfauteuil uit de jaren negentig, naar lucht happend in de gezellige doorzonflat die jij hebt afbetaald, ik, wegterend in een versleten continent waar de zon nooit schijnt... (Misschien kunnen we elkaar zelfs bellen, als jouw compañeros er tenminste in slagen een verbinding te maken. 'Kijk schat, ik zie wat jij ziet: de Mississippi is buiten zijn oevers getreden.' 'Nou en of, schat. De Mississippi is machtig en groot.')

Wat zit ik te ouwehoeren? Nu ben ik al de brief aan het verzinnen die jij zou schrijven aan mij, indien jij hier was en ik ginds... Alsof jij überhaupt een brief zou schrijven. En dan nog wel aan mij. Jij schrijft alleen iets als het voor veel poen gepubliceerd kan worden in een blad met op zijn minst een miljoen lezers. Of niet soms?

Waarom speel ik dit spelletje dan, wat wil het zeggen? Dat ik veel tijd heb dood te maken in mijn eentje, dat ik tot op het bot verliteratuurd ben? Vermoedelijk beide. Zoals het ook bewijst, vrees ik, dat het gemakkelijker is om jou fysiek achter te laten in Vlaanderen dan om je emotioneel te dumpen op Cuba. Dat is niet bedoeld als melancholische noot. Het is de constatering van een alledaags verschijnsel. Fantoompijn heet zoiets. Je weet wel: landbouwer komt met arm in maaidorsmachine terecht, wordt tot aan de oksel naar binnen gemangeld, verliest zijn hele ledemaat... Tien jaar later voelt hij bij naderend onweer nóg pijn in de pink die een decennium daarvoor werd verpulverd en uitgestrooid over zijn akkers. Niemand kan die pijn verklaren, toch is ze daar.

Maar ze is er uit gewoonte. Niet omdat er een reden is voor pijn. Precies zo zou ik de gewaarwording dat ik je mis, willen omschrijven.

Hoe fantoompijn het best bestreden kan worden? De wetenschap staat voor een raadsel. Massage mag als nutteloos worden beschouwd. Desondanks smeren sommige van die landbouwers hun schouderstomp in met een verdovende zalf. Soms helpt dat, beweren ze. Ik moet bekennen dat ik eenzelfde effect verwacht had van deze, mijn brief. Ik had beter vijf daiquiri's en twee valiums kunnen bestellen.

Tot nooit meer weerziens. Voor eeuwig en drie nachten.

(PS: Je bolide staat in de parking van de luchthaven, vierde verdieping, vak E. Het parkeerbiljet zit in het handschoenkastje. Je moet vooraf betalen, vergeet dat niet. Of je moet helemaal terug. En dan zit je, met je zuiders temperamentje, weer van woede op je sportstuur te slaan tot je handen blauw zien.)

MARION BLOEM

# *Brief vanuit een hotel in Vlaanderen*

LIEVE W.

Op dit moment zit ik in het hotel waar ik vijf jaar geleden naar toe ben gevlucht. Zonder enige ruzie vooraf, zonder dat jij of ik ergens heimelijk een andere liefde koesterde, zocht ik mijn toiletspullen en wat kleding bij elkaar en verliet ik het huis met alleen creditcards op zak. Toen je vroeg waar ik naar toe ging, antwoordde ik: 'Ergens.'

Omdat ik wel vaker van die buien heb dat zelfs twee woorden uitleg me te veel zijn, vroeg je niet verder, kwam je me niet tot de auto achterna, en had je er geen idee van dat ik van plan was om na een samenzijn van twintig jaar voorgoed te vertrekken.

Ik reed zuidwaarts.

De cassetterecorder begaf het al voordat ik Nederland verlaten had. In Vlaanderen begon het te regenen, en omdat ik geen andere betaalmiddelen had dan mijn creditcards, kwam ik in dit dure hotel terecht.

Onze dochter was net het huis uit, nadat onze zoon een halfjaar eerder op kamers was gaan wonen. Ik wist toen nog niet dat mijn irritatie over elk gebaar, elk woord van jou daarmee te maken had. Ik walgde van je lach, van je manier van kauwen en van de spaghettislierten uit je mond, van de wijze waarop je je glas wijn naar je mond bracht, en telkens als je me met koken hielp en de sperzieboontjes pelde of de uien sneed, moest ik de neiging onderdrukken om het grote keukenmes uit je hand te grissen en je ermee te lijf te gaan.

Daarom stapte ik op. Ik heb je nooit uitgelegd dat de reden simpelweg was dat ik je niet meer om mij heen verdroeg.

Vanuit het hotel belde ik je op om je gerust te stellen. 'Ik heb een paar dagen vakantie nodig,' loog ik. 'Over een dag of tien ben ik weer terug.'

'We hadden toch samen kunnen gaan,' zei je, 'ik had vrijaf kunnen nemen. Waarom heb je er niet eerst met me over gesproken? Dan had ik het op mijn werk geregeld.'

'Ik moet even alleen zijn,' zei ik, 'ik ben moe.'

'Moe waarvan?' lachte je, 'nu de kinderen het huis uit zijn, heb je niets meer te doen.'

Die laatste zin bleef nagalmen in mijn hoofd. Zou ik gewoon, zoals elke moeder, problemen hebben met de leegte in huis? Was het zo simpel? Overkomt mij wat ik, dertien jaar oud, bij mijn eigen moeder constateerde toen ik als nakomelinge de enige was die nog in het ouderlijk huis woonde?

In de stilte van de kamer, een sfeervolle kamer met antiek meubilair waaronder een groot hemelbed en een bureautje met meer dan veertig kleine lege laatjes, een grote badkamer met een ligbad voor twee personen en uitzicht op een doolhof, kwamen vele herinneringen boven, van ons tweetjes, van ons drietjes, en ons viertjes, momenten die ik vergeten was, en waar ik nu om weende, dat is het woord, wenen, of noem het schreien, want het was geen huilen zoals ik zou doen met jou in de buurt, en het was evenmin geluidloos, zoals ik weleens heb als ik een goed boek lees, of naar een Byzantijns koor luister, het was alsof ik smeekte om de terugkeer van wat allemaal voorbij was. In mijn dagboek schreef ik later luchtig: 'Ik hief mijn klaaglied aan, en hoopte dat de muren van de kamers in dit chique hotel dik genoeg waren.'

Ik stond voor het gesloten raam dat uitkeek op de donkergroene doolhof en zag hoe we samen bevend van angst aan het ziekbed van onze dochter zaten, vier maanden oud, terwijl onze tweejarige zoon bij zijn oma logeerde. De dokter had gezegd dat het af zou lopen, dat we erop moesten rekenen dat ze het niet zou halen, en jij zei: 'Ze haalt het wel.' Waarop ik knikte en jij mij in de hand kneep, mijn pink leek te breken, maar de pijn was een belofte voor ons gelijk.

Ik zag jou in de tuin met onze zoon die nog maar net kon lopen. Vijftien maanden oud, dacht ik, hij droeg dat lelijke oranje fluwelen broekje dat je moeder voor hem gemaakt had en waar hij dol op was, maar waarmee ik nauwelijks met hem over straat durfde, en jij, haastig en ongeduldig als altijd, wilde het kind leren voetballen. Je stem klonk streng. 'Laat liggen die bal, nee niet met je handjes, met je voetje, kijk zo, één twee drie... schoppen, zie je dat... zo, met je voet!'

Ik zag mezelf in de deuropening staan en een theepot naar je hoofd gooien. De theepot raakte jou, maar gelukkig was de thee niet heet meer en al voor het grootste gedeelte over het tapijt gegaan voordat de pot jouw schouder raakte. 'Wat heb jij?' zei je. Je mond viel open, en je beangstigde me met je bleke gezicht en de wijd opengesperde priemende ogen. Ik durfde niet te zeggen dat het was omdat je al voor de zesde keer die ochtend naar de grote foto in dat tijdschrift keek waarop de actrice uit de film die we enige avonden tevoren in de bioscoop gezien hadden, op haar voordeligst in heel weinig kleding jou op zo'n quasi-onschuldige manier toelachte. Tijdens het ontbijt had ik gemerkt hoe je niet meer lette op wat je at en je ogen telkens naar het blad gleden dat opengeslagen op tafel lag. Ik verbeet me kinderachtig te zijn, wilde het niet dichtslaan of van tafel pakken om het in de krantenbak te leggen. Maar bij iedere hap groeide de woede onder mijn huid.

Ik zag je tijdens onze mislukte strandwandeling, waarbij de kinderen om beurten huilden, ik de verkeerde schoenen aan had, kermde over blaren en zeurde over zin in gebakken kuit, waarna jij geduldig in de rij bleef staan bij een viskraam en niet mopperde toen je na twintig minuten aan de beurt was en de kuit inmiddels op bleek te zijn. Je haren waaiden in je gezicht, je had drie zware tassen over je schouder met speelgoed, potjes voeding, het flesopwarmertje, baby- en peuterkleding, papieren luiers en kinderspeelgoed, omdat ik altijd te veel meeneem – zelfs als we alleen naar het speeltuintje achter ons huis gaan en binnen een halfuur weer thuis moeten zijn, heb ik twee grote tassen met van alles bij me – en ik zag striemen op je verbrande schouders.

Toen heb ik drie of vier dagen lang op de kamer gezeten en naar de doolhof gestaard. De eerste vijf minuten nadat ik ons huis verliet, had alles zo simpel geleken. Ik voelde me opgelucht, zag me door Frankrijk en Spanje reizen, zag me terugkomen en een woning zoeken in Amsterdam, en had ook bedacht dat ik jou één keer in de maand zou uitnodigen om bij mij te komen vrijen. Maar nu, met buiten nog steeds motregen afgewisseld met hagelbuien, de zware bewolking en de verlaten doolhof achter het hotel weinig uitnodigend als enig uitzicht, belde ik je op en vroeg je hier te komen, bij mij, omdat ik naar je verlangde en dingen met je wilde doen, zei ik, die we nog nooit eerder hadden gedaan.

Verder weet je alles. Hadden we ooit eerder tijdens het zoenen zoveel pret gehad? Ik zie je nog voor me, zoals je ineens de kamer uit rende, de gang op, in je nakie, de andere leegstaande – met de deuren open heel uitnodigende – kamers binnenrende en terugkwam, hijgend, met vier witte ceinturen die je van badjassen had losgetrokken omdat je bij je ondeugende plannetjes niet genoeg had aan de twee die onze kamer bood. Ik liet je begaan, speelde dat ik me los wilde wurmen, maar liet me met je lieve mond verwennen, hoe lang wel niet, want we hadden geen honger, geen slaap, maar waren gretiger dan ooit om elkaar wellustig genoegen te doen.

Ik ben hiernaar toe gereden om te zien of ik niet alles alleen maar had gedroomd, of we hier wel echt zijn geweest, jij zeven dagen en ik ruim tien, kaviaar en champagne, rauwe zalm en de beste rosé, gepofte aardappelen met gesmolten kaas en warme chocolade met rum, we verzonnen een lekkernij en de keuken maakte het smakelijker dan we hadden kunnen bedenken, op de kamer, en op mijn elfde dag hebben we hand in hand gekeken of het mogelijk was in de tuin van het hotel te verdwalen.

Hoe komt het dat we, na die keer, thuis zijn doorgegaan alsof er nooit een hotel in Vlaanderen is geweest waar hartstocht mogelijk was?

Je weet nog niet dat ik ben vertrokken. Ik verliet het huis toen jij nog op je kantoor was, waarschijnlijk aan het vergaderen over het nieuwe project waar je zo vol van bent. Ik meldde me ziek vanmorgen, stapte in de auto en reed automatisch naar deze plek om je, zoals eerder, per telefoon te verleiden me te bezoeken en nog eens te doen alsof we eigenlijk niet echt bestaan.

Ik vroeg dezelfde kamer, maar die was al bezet. Twee enkele bedden, geen stangen of versiering langs het bed. En hoewel er weinig gasten zijn, hebben ze geen enkele deur van de overige kamers geopend. Evenmin steken er slordig sleutels uit de deur. Had jij toen die badjasgordels eigenlijk wel weer teruggehangen?

Ik durf je niet te bellen, niet te vragen of je komt. Maar als ik het niet doe, weet ik, rijd ik verder, zuidwaarts, het doet er niet toe waarnaar toe, misschien totdat er ergens een auto van links geen voorrang verleent, of totdat er van rechts iemand komt die ik door mijn herinneringen niet kan zien.

Ik kan de brief per fax versturen, dat kan van hier, zag ik, naar je werk, maar stel dat je secretaresse hem leest... Dat zou een gekke indruk maken, en dan word je misschien boos, en is er bij voorbaat geen sprake meer van romantiek. Ik weet niet of de Belgische posterijen mijn haast zullen begrijpen. Maar je opbellen durf ik niet. 'Lief, mijn lief, wil je onmiddellijk komen, want zonder onze passie gaat het mis.'

Je Y.

# KEES VAN KOOTEN

## *Verstolen passie*

AMSTERDAM, 1 APRIL 1994

ALLERLIEFSTE LIEVELING!
Marije is boodschappen doen, dus schrijf ik je even snel een paar lieve dingen.

God, wat verlang ik naar je! Ik wil je bijna overal likken.

Ik denk niet dat zij tot nu toe iets gemerkt heeft, maar we moeten ontzettend goed oppassen, want wat wij samen hebben, is gewoon veel te kostbaar om te verspelen.

Wanneer neem je hem weer eens in je mond?

Ik ben echt voor tweehonderd procent stapelgek op je, maar dat weet je best. Ik kan niks ergers bedenken dan dat het mis tussen ons zou gaan. Daarom iets heel belangrijks: Marije gebruikt geen Eau de Givenchy meer, maar is deze week overgegaan op Fidji van Guy Laroche. Dat wisselvallige van haar, daar word ik nog eens gek van!

Zonder jou zou ik er waarschijnlijk een eind aan maken; ik meen het. Je moet dus vragen naar Fidji Eau de Toilette. En neem maar het kleinste flesje, want binnen een maand gebruikt ze waarschijnlijk weer wat anders. Je krijgt het geld vanzelfsprekend van mij terug, dus bonnetje goed bewaren.

Van de zomer doen we het weer eens een keer op je balkon hè? God, ik raak al opgewonden als ik er alleen maar aan denk. Heb jij trouwens weleens over blond haar gedacht? Dat zou je namelijk fantastisch staan en ik sluit de mogelijkheid niet uit dat ik dan nog drie maal zo geil op je zal zijn. Maar de belangrijkste reden is dat vorige week zaterdag voor het eerst jouw naam viel, in dit afschuwelijke huis!

Marije vroeg zogenaamd geïnteresseerd naar de zaak en de nieuwe mensen binnen onze divisie en toen noemde ik natuurlijk ook jouw naam. En toen ze zo langs haar steekneus vroeg hoe jij eruitzag, toen zei ik dat je blond was, zodat zij geen argwaan zou krijgen, want ze weet dat ik absoluut niet val op blond.

Maar dat was wel even paniek dus! Ik moest mij er weer eens een keertje uit zien te redden. En op zulke momenten sta ik er natuurlijk helemaal alleen voor. Maar jij hebt het ook niet makkelijk met je demente moeder, zullen we maar denken.

Ik denk dat blond haar ook vreselijk opwindend zal staan bij je zwarte corseletje. Trek je dat weer eens voor me aan, de volgende keer? Als ik dan maar niet weer meteen klaarkom, want jij moet er zelf ook iets aan hebben, daar sta ik op.

Maar beloof je dat je deze week even langs de kapper gaat? Als je het niet meteen helemaal wilt laten blonderen, dan kun je misschien een pruik of zo proberen, want die prijzen vallen heel erg mee, heb ik al voor je geïnformeerd. En het gaat in principe voorlopig alleen maar om het afscheid van Van Angelen. Daar moet Marije mee naar toe, helaas, helaas. En jij kunt daar ook niet wegblijven. Ik hunker ernaar je daar te zien.

Wil je ook niet al te hoge hakken aandoen? Je krijgt er meesterlijk lange benen van, dat heb ik je vaak genoeg gezegd (wanneer leg je ze weer eens in mijn nek?), maar platte hakken is beter. Marije denkt namelijk dat je vrij klein bent.

We moeten elkaar op die receptie vanzelfsprekend niet meteen gaan opzoeken, maar als we elkaar in de drukte tegen het lijf lopen (o God, dat heerlijke lijf van je!), dan moeten we ook niet bang zijn om gewoon ontspannen samen te praten, zelfs als mijn vrouw erbij staat. Laat dat maar aan mij over. Ik verzin wel een onderwerp en je weet dat je op me kunt rekenen.

O ja, dat zou ik bijna vergeten: wil je dan ook een bril op dat lekkere neusje van je zetten? Hij hoeft niet geslepen te zijn, maar ik heb Marije verteld dat je een bril draagt. Dus drie B's, dat kun je makkelijk onthouden: Blond, Bril, Benen. En die middag vanzelfsprekend níet je Fidji-parfum opdoen, want dat ruikt ze. Dat luchtje is er alleen om ervoor te zorgen dat jullie hetzelfde ruiken als ik bij je ben geweest.

En als ik jou op die bijeenkomst dan gewoon Thea noem en jij zegt 'Meneer Martens' tegen mij, dan kan er feitelijk niks misgaan en dan zien we elkaar binnen een maand weer een zalige hele middag bij jou thuis! Als je me maar belooft dat je daarna niet weer zo gaat huilen, want daar kan ik niet tegen. Daarvoor ben ik veel te gek op je. En nu moet ik gauw stoppen, want ik hoor Marije thuiskomen.

In gedachten ben ik in je.

Duizend-en-één kussen,
Alfred

# NELLEKE NOORDERVLIET
## *Twee brieven aan een accountant*

*Op een dag vindt de accountant Hugo Holtzius twee brieven tussen zijn post op kantoor. Hij maakt eerst de brief open die het handschrift van zijn minnares draagt. Pas daarna leest hij, bevreemd dat zij hem schrijft, de brief van zijn vrouw, die hij diezelfde ochtend nog gedag heeft gekust.*

HUGO! HUGO! Godverdomme, HUGO!

Melancholie en woede. Veel en hevig. Af en toe vervloek ik de beleefdheid tussen ons, zou ik tegen je willen schreeuwen dat ik van je hou en alle dagen bij je wil zijn en de godganselijke dag extatisch mijn nagels in je boekhoudersvlees slaan, en tegelijk dat ik je nooit meer wil zien, dat liefde nergens toe leidt en geluk een hersenschim is. Bij jou ben ik nog steeds niet die ik werkelijk ben. Jouw gedoseerde hartstocht bevloeit het land, maar overstroomt het niet. Ik op mijn beurt kom niet tot bloei. Ik wil al het verborgene aan het licht laten treden, het rauwe bevrijden vanonder de ironie. Het ruwe materiaal wil ik, niet de gladde gepolijste steen. We plegen toch geen overspel om net zo beschaafd en gereglementeerd met elkaar te neuken als we in onze maatschappelijk aanvaarde rol al doen met onze maatschappelijk aanvaarde partners! Aan meer van hetzelfde maar dan met een ander hadden we toch geen behoefte? Hoe vaak hebben we dat elkaar niet verzekerd? Er is een patroon ontstaan, daar wil ik vanaf. Ik ben liever je minnares dan je vrouw. Hoe doet men dat op artistiek bevredigende wijze?

Wat moet dat toch allemaal, grote man van me, naar wiens komst ik nog altijd bevend van de zenuwen uitkijk? Die verhoogde staat van paraatheid jaagt het bloed op tot in mijn haarvaten en iedere centimeter van mijn huid reikt naar je vingertoppen en je tong en je lippen en je prachtige lans, waar ik eens mijn winterjas aan heb opgehangen, weet je nog, zonder dat hij het begaf. Wat ik op dit moment wil, is tegen je aan liggen, onze armen om elkaar heen. Onnavolgbaar is de kromming van je schouder. Je hoofd raakt al verweerd als van een schildpad, maar je lijf is nog jong. Die overgang in je hals kus ik. Erg liederlijk is dat ook niet. Ik begrijp er niets van en ik verwelkom en vrees die absurde passie. De wereld moet aan mijn voeten liggen, maar ik neem absoluut genoegen met jou.

Toch is onze verhouding een slap elastiek geworden. Aan mij ligt het niet. Aan jou ook niet. Liefde dooft uit zonder zuurstof van openbaarheid. We moeten meer risico nemen, en daardoor het geheim nieuwe spanning geven, en dieper bewaren en ook voor onszelf in elkaar een nieuw geheim scheppen. Wij gaan samen op reis. Naar jouw dorp in Italië. Dat is geen wens, geen droom, maar een eis. Ik neem een kamer in het hotel op het marktplein. Wij ontmoeten elkaar bij toeval op een terras en voor het oog van de bevolking ontwikkelt zich een romance. Denken ze. Want wij raken elkaar in het openbaar niet aan. Maar soms is mijn bed in het hotel niet beslapen, vertelt het kamermeisje verder. Ze zijn discreet, de Italianen hebben begrip voor overspel. En als je daar later met je vrouw zult zijn, vrees je de groenteboer om zijn veelbetekende blik en zijn toespelingen, de slager om zijn loslippigheid en de man van de kiosk om zijn domheid. Hoe spannend zal alles dan weer zijn.

T.

LIEVE HUGO,

Hulpeloosheid was het aanvankelijk. Je zit voor je verjaardag opgedirkt te wachten tot de bel gaat en het bezoek binnenstuift om de taart op te vreten en zich vol te laten lopen zonder naar jou om te kijken, en ze komen niet. Je bent verlegen met jezelf en met de hoop tegen beter weten in. Je schaamt je dood, rukt de strik uit je haar en schopt je lakschoenen uit. Ze zijn je vergeten. Je bent niet belangrijk. Maar je kunt er niets aan doen. Je kunt hen niet dwingen je verjaardag te onthouden, want afgedwongen belangstelling is een vernederende aalmoes. Om jezelf op te beuren zeg je dat je hen sowieso verafschuwde. Dat helpt niet. Want ze waren er toch maar, en het was makkelijk te geloven dat ze er waren om jou.

Hoe ver kun je een vergelijking doorvoeren zonder je doel voorbij te schieten? Ik wil met deze ietwat raadselachtige inleiding je onverhoeds in je zachte buik treffen, nog voor je tijd hebt gehad de egelstelling in te nemen, vanuit een hoek die je niet verwacht. We hebben zo lang tegen elkaar aangewreven dat we eelt hebben gekregen, daar waar we elkaar raakten. Maar let op hoe ik ben veranderd, hoe de langzaam opkruipende verdenking gelijke tred heeft gehouden met mijn aanpassingsvermogen. Hulpeloosheid was het aanvankelijk, tot ik besefte dat ik niet jou maar wel mijzelf kon veranderen. Hier stuiten we op een paradox. Ik kan niets ongedaan maken. Geplaagd door die wetenschap daag ik jou uit met mijn kennis. Ik heb me innerlijk van je bevrijd om je te binden. Je zult tegenwerpen dat vrijmaken juist ontbinden betekent. Welaan, dan heb je met één ding niet gerekend, namelijk dat ik van je hou, wie ik ook ben. Hoe ik dat zo zeker weet? Dat hebben de afgelopen twee jaar me geleerd. Ik heb alle stadia van verdenking, woede, opstand, wanhoop, rouw doorlopen zonder dat je ook maar één moment je aantrekkelijkheid voor me verloor. Ik heb elke dag naar je handen gekeken en je kin en je oren en je knieën en heb gehoopt dat zich walging van mij meester zou maken. Maar nee, je meest onbestuurbare onderdelen werden mij nog meer vertrouwd en lief dan ze al waren. Ik zie jou zoals zij je nooit zal zien.

Ik schrijf omdat ik het niet kies vind je plompverloren met een gesprek over dit delicate onderwerp te overvallen, laat staan je huilend van woede te dwingen voor een van ons beiden te kiezen. Als je bij me weg zou willen, had je dat al lang gedaan. Je bent gebaat bij geheimhouding. Jullie verhouding drijft erop. Het feit dat ik het weet en vooral dat jij weet dat ik het weet, verandert dat. Ik vraag je niet met haar te breken. De worm komt nu vanzelf in het jonge hout. Ik ben benieuwd of jullie daartegen bestand zijn. Op dit moment voel ik mij een god die neerkijkt op het gewriemel van twee mieren en nog even wacht voor hij zijn hak in hun pantser zet. Ik schrijf om je verwarring niet te zien, dat zou me generen. Ik schrijf om hele zinnen te maken en niet in stamelen te vervallen. Ik verwacht niet dat je iets zult zeggen. Ik heb het zelfs liever niet. Dit is geen wraak. Dit is strijd. En liefde.

E.

*Wat doet Hugo? Hugo neemt de dag vrijaf.*

MIRIAM VAN HEE

# *Brief vanuit de trein*

TUSSEN BRUSSEL EN BERLIJN, NOVEMBER 19..

LIEVE K.

Soms, als ik zoals nu in de trein zit, kan mij een plotse opwinding overvallen. Vooral in een trein die de grens zal passeren. Wat ik werkelijk voel als ik op reis vertrek, is, geloof ik, het bijzondere én het voorbijgaande van mijn leven. Het is al donker buiten. De maan reist mee.

Daarstraks reed ik voorbij de Zomerstraat en ik zag licht branden in B's vroegere kamer. In mijn herinnering aan de tijd toen ik daar woonde, overheersen steeds vaker winter en somberheid, mijn hoop en mijn teleurstellingen en al de problemen die ik niet kon oplossen. Ik zie de barsten in de muur nog voor me, en het uitzicht op allemaal eendere voorgevels aan de overkant van de straat.

Toen ik van je wegreed, flitsten gemene gedachten door mijn hoofd. Dat je trots, onmogelijk en lichtgeraakt bent. Dat je het gevoel dat je er niet bij hoort, aandikt. En dat je niet steeds moet herhalen dat je slechts geschikt bent om alleen te leven. Waarom doe je dat dan niet, dacht ik. Maar aanstonds schrok ik van mijn gedachten en mijn woede zakte. Want hoe weet ik dat je niet ooit op een keer van me weg zult gaan? Ik vroeg me af waar ergens en wanneer ik je zou kunnen opbellen. Alsof ik je per telefoon zou kunnen weerhouden, als je eenmaal besloten zou hebben me te verlaten. Ik ken niemand die zo onomkoopbaar is als jij.

Ik besloot je niet te bellen want mogelijk ben je niet ernstig en antwoord je, als ik je zeg dat ik je nu al mis, dat ik dat recht heb. Wat op zichzelf natuurlijk al iets betekent. Men zegt dat liefde sterk maakt. Mij maakt het kwetsbaar.

Ik herinner me dat vroeger, toen ik nog bij mijn ouders woonde, een zwart-witfoto aan de muur hing die ik uit een christelijk geïnspireerd blad had gehaald. Daarop keken een jonge man en een jonge vrouw dezelfde richting uit, misschien naar de stralen van een opkomende of ondergaande zon. Dat was echte, volwassen, gelukkige liefde, zei de foto, samen in dezelfde richting kijken.

Ik weet nu dat op mijn foto van de liefde die twee naar elkaar zouden kijken, peilend en vragend, maar ook woedend of schaterlachend. Toen ik laatst in bed zei: jij, jij, jij, bedoelde ik: weet je wel hoe ik aan je gebonden ben, hoe ik er niet genoeg van kan krijgen, zozeer dat ik soms denk dat ik me van je moet onthechten. Dat ik dan vrij zou zijn van het gemis, en jij van mijn gehengel naar je liefde.

Soms is het moeilijk. Maar dat hebben we toch zelf gekozen? Ondertussen is een vrouw met twee kleine kinderen op de trein gestapt. Ik moest denken aan mijzelf met B. en A. toen ze nog op een driewieler of in de buggy zaten en ik voortdurend bezig was hun de wereld te laten zien. Dat is al lang geleden. Nu gaan ze zelf op stap. Ik vergeet zo vaak dat ik niet jong meer ben, dat wij niet jong meer zijn. Jij hebt jouw kinderen, ik de mijne. We hebben op veel verschillende plaatsen gewoond. Wat we samen hebben, is gewonnen op verdriet, scheiding en schuld. Een beetje zoals land op zee gewonnen wordt. Toen ik het treincompartiment binnenstapte en mijn koffer op het bagagerek wilde leggen, was het eerste dat ik zag mijn gezicht in de spiegel. Er tekenden zich rimpeltjes af rond mijn mond, groefjes in mijn huid, als bergstroompjes (gezien vanuit een vliegtuig) die van mijn lippen bergafwaarts liepen. Waarom hou je zoveel van mij? Als ik je dat vraag, dan neem je mij in je armen of je drukt me tegen de muur en je zegt: daarom, daarom. En je noemt mij je mug. Maar nu ben je er niet. Het regent buiten.

We rijden door voorsteden. Ik probeer me voor te stellen hoe het straks zal gaan: handen schudden, zeggen hoe de reis is verlopen, lachen als zij lachen. Ik zal me weer onhandig en verlegen voelen. Misschien bel ik je toch. Ik denk aan je, al is dat misschien niet genoeg.

M.

# PAUL DE WISPELAERE

# *Brief naar Talavera de la Reina*

LIEVE, STERKE BEERTJE,

Ik blijf je zo noemen, al mag dat voortaan misschien niet meer, maar juist daarom wordt het zo verleidelijk om het toch te doen. Niets is zo spannend als het oversteken van een verboden grens. Of ook: alleen op een kleinood dat je hebt verloren, komt geen slijtage meer, in de herinnering begint het meer te glanzen dan ooit tevoren. Weet je eigenlijk nog wanneer ik je voor het eerst die troetelnaam gaf? (Vreemd hoe twee mensen alleen nog met elkaar verbonden kunnen zijn door intieme herinneringen die niemand anders met hen deelt. Het is als een schat waarvan je samen weet onder welke steen hij ligt, terwijl hij voor alle anderen verborgen blijft. Met zulke – dwaze? – gedachten probeer ik me een beetje te troosten.) Wanneer was dat dus? Ik vind er plezier in het je te vertellen, omdat gewoon het onder woorden brengen ervan mij nu een beetje opwindt. Het was zomer, we stonden aan het begin, als hamsters sleepten we overal vandaan spullen naar ons nieuwe nest. We struinden door de omgeving, en in de ruïnes van een stal vonden we tot onze verbazing een stoel. Hij stond daar, op een rest vloer van brokkelige rode klinkers en bedolven onder stof en vuil, op ons te wachten. 'Een thonet!' riepen we samen ongelovig uit, en legden voorzichtig onze handen op de boog van de leuning. Ik keerde hem ondersteboven, en op de ronde binnenrand zat nog het oorspronkelijke geel-zwarte art nouveau-etiket. Na een eerste beurt met onze zakdoeken en een vluchtige inspectie namen we hem mee. Ik zette hem omgekeerd met de rieten zitting op mijn hoofd, en stapte zo als onder een vreemde parasol door de brandende middagzon. Thuis maakten we hem meteen helemaal schoon, hij was van gevernist geel essehout, hij blonk, naakt ging jij erop zitten en ik vroeg: 'Is hij stevig genoeg?' Jij knikte verlangend, schortte mijn korte jurk op, terwijl ik op je neerkwam, hield je je handen op mijn buik, ik voelde je heel diep en warm in me dringen en leunde met mijn rug tegen je bruine behaarde borst. Het was daarna dat ik je, tussen hijgen en lachen, mijn lieve, sterke beertje noemde. Dat vergeet je toch nooit? Als ik zou weten dat je het ooit echt deed, al is dat over vijftig jaar, zou ik heel erg treurig worden.

Die stoel heb ik vanmiddag van je werkkamer meegenomen naar mijn opkamertje – ja, ik zeg nog steeds 'mijn' opkamertje – en ik zit erop deze brief aan je te schrijven, die je poste restante zult afhalen in Talavera de la Reina, waar wij nooit samen zijn geweest, en waarvan de naam me doet dromen. Wat een vreemde situatie toch. Terwijl jij met je nieuwe geliefde in Spanje bent, een land dat ik ooit met en door jou heb leren kennen, pas ik op het huis en de tuin en de dieren, die meer dan tien jaar lang van ons samen zijn geweest en die ik heb willen verlaten omdat ik niet anders meer kon. Op dit ogenblik vrees ik dat ik dat misschien toch niet had moeten doen, maar het is gebeurd. Je houdt een mooie, kostbare schaal in je handen, je kunt daar niet blijven staan, iets heel dreigends in je komt daartegen in verzet, je laat hem vallen en staart met ontzetting naar de scherven op de grond: zo ongeveer voel ik me nu. Die dag van onze stoel: wat ik nu in mijn achteruitkijkspiegel zie, lag toen nog voor ons. Alles om mij heen is feitelijk nog als vroeger, toen ik droomde over wat er allemaal mogelijk zou zijn. Maar ik betrap me erop dat ik nu droom van wat er allemaal had kunnen zijn: de grammaticale vorm van het werkwoord is onherroepelijk veranderd, en daarom is toch niets meer hetzelfde. Beertje, waar ben je nu? Als jij deze brief leest, zul je tot in alle bijzonderheden de plaats herkennen waar ik hem geschreven heb, maar ik zal nooit kunnen weten waar jij nu zit, waar 'jullie' nu zitten, moet ik zeggen, maar dat komt zo moeilijk uit mijn pen. Om mezelf pijn te doen en daar bitter van te genieten beeld ik me in dat het onder de platanen op de paseo in Burgos is, op precies dezelfde plek waar wij vorig jaar nog samen zaten. Hoe kun je dat toch doen? En wat vertel je allemaal aan dat nieuwe meisje van je, dat natuurlijk met blinkende ogen en oortjes aan je lippen hangt. En verwen je haar, en drinken jullie koele anis seco, of heb je tenminste uit piëteit voor het verleden mij dit hartzeer willen besparen? Jaloers? Ik zou het niet mogen zijn, ik vind dat ik er geen recht op heb. Maar gevoelens waar je geen recht op hebt, zijn juist het sterkst.

Het is laat geworden, ik heb het raam opengezet om de zoele Spaanse zomernacht binnen te laten. Er rust al een hele tijd een kleine mot met metalen vleugeltjes als een sieraad op mijn borst.

Ik hoor het snateren van de ganzen en de eenden, en verder weg vanuit het weiland het gemekker van de lammetjes die naar hun moeder roepen. De katers Sancho en Panza slapen op mijn bed. Het kraakt voortdurend in de struiken, ben jij het soms? Alles lijkt zo vertrouwd en tegelijk alsof het geen werkelijkheid meer is. Het is nog van mij en ik ben het kwijt, in deze dubbelheid ben ik eraan gehecht als nooit tevoren. Vanmiddag heb ik perziken geplukt van de boom in de moestuin, en ik heb ze ingevroren om er sorbet van te maken, waarop ik je wil trakteren op mijn veertigste verjaardag, waar ik als de dood voor ben. Tegenstrijdig? Ach, ik verkruimel als oud brood. Is het niet krankzinnig dat ik in de afgelopen dagen bijna alleen aan jou heb gedacht, veel meer dan aan H.? Ik moet je nog vertellen wat ik gisteravond heb gedaan. Ik heb al onze (onze?) vrienden uitgenodigd, en we hebben lang zitten drinken en gekscheren op het terras, ik was weer op dreef met de gekke woordspelletjes die je van me kent, en af en toe meende ik jouw schaterlach te horen opklinken, eigenlijk hadden we allemaal het gevoel alsof je net even weg was om sigaretten te halen. En 's nachts droomde ik dat ik op blote voeten door de tuin liep en jou onder de appelboom zag zitten alsof je op mij wachtte, vrij van alle wrok en wraakzucht na alle pijn die we elk hebben moeten lijden, en dat we elkaar eindelijk zouden vinden en dat je een mooi nieuw boek zou schrijven over wat er met ons is gebeurd, en dat we verder goed voor elkaar zouden zijn. Maar tegen de morgen werd ik wakker met schele hoofdpijn en een zware maag.

Nog voor de laatste keer: probeer mij te begrijpen, Beertje. Ik ben niet bij je weggegaan om je te verliezen, maar in al mijn pogingen om aan jou te ontsnappen, heb ik je misschien alleen maar willen vinden. Men moet weggaan om terug te kunnen keren, en wat is er feestelijker dan dat laatste? Voor wanneer de parabel van de verloren dochter? Maar voor jou was de breuk te groot, je voelde je verwond tot in de vezels van je ziel, en ik ken je koppige trots, die ellendige mannenkwaal, die je ertoe verplicht heeft mij nooit te vergeven. Wees niet meer boos op me, soms had ik zo'n drang om je uit te dagen en je te vernederen. Het was de andere, duistere kant van mijn liefde, en het was ook jóuw schuld. Bij jou moet een vrouw op ieder moment tegelijk tot de grootste betrokkenheid en de grootste onthechting in staat zijn; dat is moeilijk, en voor mij was het op den duur ondraaglijk geworden. Ik heb mij in die fatale verliefdheid gestort, zoals een vlinder in het licht van de lamp. Weet je nog wat ik je in woede toeriep voor ik de deur achter me dichttrok: 'Ik heb eindelijk opgehouden bang te zijn. Ik wil niet gered worden, ik red mezelf wel'? Ik was bezeten van het Grote Verlangen naar een onherroepelijke daad die mijn hele verleden, dat met jou incluis, teniet zou doen. Ik zweefde en wilde neerstorten, ik zwom en wilde verdrinken. Maar wat heb jij nu nog aan deze beelden, die alleen maar proberen uit te drukken in welke chaos ik me opzettelijk had gewerkt. Mijn schreeuw bij de deur was toch niets dan een noodkreet? Maar ook dat laatste signaal heb je niet opgevangen, jij met al je literaire subtiliteit! Opgestaan, plaats vergaan, zo luidt nu eenmaal de publieke wijsheid. Toen ik je lieve kaart uit Salamanca kreeg, was ik boos op mezelf dat ik er zo hevig door werd ontroerd, en ook op jou omdat je mij die kwelling aandeed. Ik zorg goed voor je – niet meer 'ons', nog niet 'jullie' – huis, en weet je dat ik zelfs die vreselijke rommel in je werkkamer heb opgeruimd? Geniet van je reis, geniet van háár, en huil vooral niet om mij.

Tegen dat jullie hier terugkomen, zal ik vertrokken zijn. Maar een paar dagen geleden heb ik iets doms gedaan. Ik heb in de stad een peperdure, laag uitgesneden geborduurde jurk gekocht, van het soort waar jij zo op was gesteld. En 's avonds heb ik me uitgekleed voor de spiegel in de badkamer, en vond me nog aantrekkelijk en mooi. Waarom heb je mij zo vaak verwaarloosd, dromerige idioot? De jurk heb ik aangetrokken op mijn blote lichaam, omdat jij daar zo dol op was. En voor het stiften van mijn lippen heb ik de kleur gekozen waarvan jij vond dat hij rood was als de keel van een vink. De rest houd ik voor mezelf. Adiós.

# GRETA SEGHERS
# *Brief aan een goddelijke minnaar van weleer*

*Wie een brief schrijft, ziet zijn spiegelbeeld tussen de regels doorschemeren, de onloochenbare afdruk van zijn eigen verlangens en verzuchtingen. In deze zin is een vertrouwelijke brief in de eerste plaats gericht aan de persoon van de schrijver zelf.*

Paul de Wispelaere, *Het verkoolde alfabet*

Je kunt er me niet van beschuldigen, eerwaarde, dat ik je al die tijd op de huid heb gezeten. Ik wiste integendeel mezelf uit je leven weg, ik belde je niet, schreef je geen enkele brief, laat staan een liefdesbrief. Niettemin werd ik verschroeid van verlangen naar jou: een brandend braambos, een levende toorts, een vuur dat nooit werd geblust. En intussen deelde ik mijn leven met een andere man, met kinderen van mijzelf en van die andere man. Mijn trouwfoto waar je me om had gevraagd omdat je er zelf ook op stond, heb ik je nooit gegeven. Ik had gelijk je te verdenken van een onvoorstelbare lichtzinnigheid, van een soort wreedheid, eigen aan een kind. Toch ben je zoveel ouder dan ik.

Tijd vliegt en tegelijk staat hij stil. Ik kan en wil me je niet voorstellen met de aanzet van een buikje, dunner wordend haar of, erger nog, een kaal hoofd. Als ik in de spiegel kijk, zie ik dat er grijze banen zitten in mijn eigen haar, dat het dof is en zonder veerkracht. Nochtans voel ik me vaak niet ouder dan zeventien. Mijn dikke donkerbruine haardos reikt bijna tot aan mijn middel. Het is zomer. Ik draag een rood-wit geblokte klokrok boven een petticoat en een witkatoenen bloesje met boothals. Toen je even niet keek, moffelde ik koortsachtig de schouderbandjes van mijn bh weg, ten onrechte beducht dat je me vulgair zou vinden. Ik schrok van je gretige, tegelijk berekende aanpak.

Mijn besef van onmacht achter de spreekkamerdeur van een plattelandspastorie. Jij had haar behoedzaam achter ons dichtgetrokken en je vervolgens gebukt om door het sleutelgat te kijken. Huishoudsters van oude pastoors zijn zelf oud, lelijk en bovendien nieuwsgierig van aard. Ze zijn jaloers op de jeugd. Hun leven verloopt saai en zonder passie. Ondanks, of dank zij je gezalfde status – je kwam achter veel geheimen in de biechtstoel – wist ook jij hoe ernstig en oprecht, hoe exclusief en compromisloos de liefde van een minderjarige nog is. Maar je vingers bleven onrustig, je omarming beloofde geen geborgenheid, je kus was een beet. Gelukkig droeg ik toen nog geen bril.

De herinnering, een tatoeage die blijft schrijnen. Ik was vijftien, eerwaarde, toen je neerstreek in onze gemeente: knap, atletisch, in de bloei van je mannenjaren, tuk op vermaak, een Lebemann. Helaas was ikzelf ondanks mijn jonge jaren zwaar op de hand. Ik fantaseerde me een God de Vader die me begreep en beminde. In een boomgaard met knoestige oude bomen ging ik liggen in het hoge gras. Blazend over distelpluizen en meewentelend met de zonnebaan poogde ik op te maken hoeveel tijd van leven en liefde ik nog had. En toen verscheen jij: een zonnegod. Je als een zeil klapperende soutane tegen je snelle kuiten. Het bijbelse commentaar, gelardeerd met kwinkslagen. Men dommelde niet meer in tijdens de zondagsmis. Men keek naar je, luisterde naar je, genoot van je. De onrust die je ook in seculiere huizen teweegbracht: bij jonge vrouwen, oude vrouwen, vrome en niet zo vrome vrouwen. Ook mijn eigenzinnige vader geraakte weldra in je ban. Liefde veroorzaken is macht uitoefenen. Liefde ondergaan is machteloos zijn.

De steeds dwingender behoefte aan je fysieke aanwezigheid. Natuurlijk zag ook ik je elke zondag in de kerk, maar dat was lang niet meer genoeg. Vooral in het beginstadium is het geluk met de minnaars. Als ik aan je huis voorbijkwam, hing je tien tegen één uit je raam op de eerste verdieping. Je tomeloze hang naar populariteit. Heel je manier van doen ridiculiseerde het heilige gezag en juist daardoor werd dat van jou des te groter. 's Namiddags installeerde je je tegenover mijn vader achter onze tafel en je zat nog in onze woonkamer wanneer ik van school terugkwam. Al van ver zag ik je auto voor onze voordeur – ik wou dat hij er stond en hij stond er –, een omtrekloze vlek voor mijn zich vernauwende, bijziende ogen. Ik bekeek jullie allebei met liefde en ironie. Theoretische wereldverbeteraars, heftig gesticulerend achter een tafel waarop donker patersbier en zware sigaren. Luxepositie. Begreep mijn vader wel dat hij zijn eigen broed intussen in de waagschaal legde? Ja zeker. *My kingdom for a horse*, mijn dochter als onderpand voor mijn vriendschap voor jou. Al is ze vaak eigenzinnig en lastig, als puntje bij paaltje komt, danst ze naar mijn pijpen. Omdat ze me bemint, is ze afhankelijk van me. Zoals ik afhankelijk ben van jou. *Ostende nobis, Domine, misericordiam tuam.*

Ook mijn moeder kreeg van de weeromstuit een beetje schik in het leven. Ze haalde haar vergeelde kookboek uit de kast en serveerde jou en nog een paar andere gasten degelijke, eerlijke maaltijden. Altijd kwam het zo uit dat ik links of rechts van je kwam te zitten. Het gebeurde dat onze ellebogen, onze voeten elkaar toevallig raakten. Later bleven onze enkels gedurende de hele maaltijd als aan elkaar geklonken. Ik werd er geil van dat de zoom van je rok over mijn enkel streek. Nog later droeg je een clergy-pak, maar je bleef ingekapseld in je sacrale aura. Ook dan kwam je niet los van je kazuifel, de wierook, je religieuze retoriek. *Sacerdos in aeternis.* 's Winters hielp ik je in je overjas in onze gang. Veel armslag hadden we niet. Ik raakte je daarbij nooit aan, maar voor een tel bleven mijn handen als vogels boven je schouders hangen. Ik bleef hopen dat het Vaticaans concilie, dat met veel gedruis was aangekondigd, het hypocriete priestercelibaat af zou schaffen. Of dat jijzelf openlijk een duidelijk standpunt in zou nemen. Je zou niet eens het spits af moeten bijten, andere priesters, ook uit onze streek, waren je daarin al voorgegaan.

Eens had de anachronistische pastoor bij wie je inwoonde, er schoon genoeg van dat je al te vaak na middernacht binnensloop in zijn pastorie. Hij deed de knip op de deur en daar stond je voor Piet Snot onder de koude, met sterren bezaaide hemel. Als een verlopen vagebond, in zak en as, belde je weer bij ons aan. Genereus stond mijn vader mijn bed aan je af. Ikzelf verhuisde met mijn beddegoed naar het rommelkamertje waar een oude sofa stond en het vuile linnengoed werd opgestapeld. Die nacht deed ik geen oog dicht. Vanwege de gedachte dat de matras waarop jij lag, nog warm was van mijn lichaam. Zo gezien werden wij toch nog één. Toen het licht begon te worden, hoorde ik je opstaan voor de eerste mis, voorzichtig ons huis uit sluipen, je auto minder nerveus starten dan normaal. De aanvechting was groot om je vanachter de vitrage te bespieden. Niettemin bleef ik liggen, denkend aan de meimaand met de potten paarse hortensia's, de sneeuwwitte superplies en rode kragen van de misdienaars, het gouden wierookvat. Slapen met God. Ik wilde met je slapen, ook wel omdat het verboden was.

Jij was het die me lokte, maar jouw liefde (het was niet echt liefde, maar dat wist ik toen nog niet, ik wilde het niet weten) groeide niet, ze bleef integendeel diffuus, heimelijk, onzeker. Nog minder wilde ik weten dat je allerminst eenkennig was waar het vrouwen betrof. En dat je voorkeur uitging naar rijpere dames met ervaring, dikke tieten en een onverstoorbare realiteitszin. De vrouw als goudrenet. De hardnekkige geruchten dat jij je letterlijke achterpoortjes had om hen geregeld op te zoeken.

We werden roekelozer, liepen met ineengestrengelde vingers op straat. Het was dan wel donker, maar er brandde een royale straatverlichting. Aanloop tot de golden sixties, het leven een lust. Hardop zong ik *In the garden of Eden*, een liedje van Paul Anka. Jij gaf me boeken te leen. Francesca en haar minnaar Paolo Malatesta: gebogen over, en verleid door het boek van hun passie. Je ging me voor op de trap naar je vertrekken, ik zag dat je bed niet was opgemaakt. Je raakte me toen niet aan. Hemel, hel en vagevuur.

Uiterlijk bleef ik geduldig wachten. *Dat jouw wil geschiede!* Ik kon niet anders. Zoals de soldaten om Jezus' kleren dobbelden, dobbelde jij om mijn toekomstig leven: je vrouw, verdoken minnares, levenslang een ouwe vrijster. Bij donker brandde er licht achter je raam, overdag stond je grijsgroene DKW voor andermans voordeur. Toch tikte je nog mijn scriptie uit die ik op de kweekschool moest maken. Omdat het slordig en liefdeloos was gedaan, werd ik ervoor berispt en kostte het me punten.

Om het jaar, iets voor Pasen, biechtte ik mijn zonden bij je. Bij wie biechtte jij de jouwe? Plagerig vroeg je me wanneer ik jou mijn vriendje eindelijk voor zou stellen. Ofschoon ik mezelf ontoegankelijk had gemaakt voor een andere liefde, werd een aardige jongen toch nog verliefd op me. Tevergeefs probeerde ik hem de ogen te openen: 'Kijk naar me: ik draag een bril en mijn hart ziet al even troebel.' Hij was niet cynisch, hij gaf niet op. Voor mijn ondertrouw nam je me apart in de ontheiligde spreekkamer van de pastorie. *Dat zullen we maar vlug overslaan zeker?* Ik kende de gebeden nog, maar kreeg ze niet meer over mijn lippen. Tegen mijn moeder zei je dat je het bijzonder lief van me vond dat ik enkele dagen voor mijn huwelijk nog bij jou had gebiecht. Je stond erop met de bruid te worden gekiekt. Zonder een gezonde portie leugen geen overlevingskans. Gelukkig verhuisde ik naar een naburige stad. Daar kwam je me opzoeken. De fles oude Châteauneuf-du-Pape die mijn vader me gegeven had om voor jou te schenken, bleek te oud. Net of hij de geur en de smaak van gas in zich had opgeslagen. Nauwelijks had je een slok in de mond of je rende naar de gootsteen om hem in één gulp uit te spuwen. Kort nadien werd je naar een andere gemeente overgeplaatst. Om dezelfde reden waarom je eertijds naar onze gemeente was uitgestuurd. De vrouwenlijken in de hiërarchische doofpot.

Voor mezelf, eerwaarde, duid ik je niets ten kwade. Wel voor de man voor wie ik geen goede minnares kan zijn. Wel voor mijn kind, en nog een kind voor wie ik geen goede moeder ben. Ook deze brief verstuur ik je niet. Als je hem zou lezen, zou je hem toch niet begrijpen. Je zou hem niet wíllen begrijpen.

# FRANS POINTL
# *Brief aan Aleida D.*

WAARDE/BESTE/LIEVE ALEIDA,
Wat volgens jou niet van toepassing op je is, kun je doorstrepen. Ik zal proberen je lange en chaotische brief te beantwoorden. Wat ik vervelend vind, is dat je me met de zin 'Als je me laat vallen, kom ik weer bij die psychiater terecht' chanteert.

Nu zie ik dat deze zin voor tweeërlei uitleg vatbaar is; die psychiater zou ook een vriend kunnen zijn die je achter de hand houdt.

'Als je me laat vallen' enzovoort. Mijn beste mens, we kennen elkaar pas twee maanden en hebben elkaar vijf keer tamelijk uitgebreid ontmoet!

Wat ik je anderhalve week telefonisch al trachtte uit te leggen, is dat ik er niet tegen kan dat je me voortdurend vragen stelt. Van onze laatste ontmoeting herinner ik me onder andere:

'Jij wilt toch ook iemand aan wie je alles kwijt kunt?'

'Waarom blijf je nu in je werkkamer zitten, vind je het leuk dat ik alleen in de woonkamer zit met een kruiswoordpuzzel?'

'Hoe zat dat nu precies met die mannen die je hebt gekend, in je verhalen tenminste?'

'Zal ik je keuken eens een goede beurt geven?'

'Waarom wil je niet mee naar mijn stacaravan?' Je kunt je schrijfmachine toch meenemen?'

Ik ben geschrokken van een zin die je elke keer dat we elkaar ontmoetten, zei: 'Ik wil álles van je weten.' Je vraagt nogal wat, ik weet niet eens alles van mijzelf. Jou heb ik alleen maar letterlijk het hemd van het lijf gevraagd, je verleden interesseert me niet. Gescheiden, echtgenoot overleden, weduwenpensioen, een zoon en een dochter, beiden een goede job, meer hoef ik niet te weten. Het gaat er mijns inziens niet om wat er achter maar wat er eventueel voor ons zou liggen. Je gaf me elke keer zo'n benauwend gevoel, alsof iemand een taai, onzichtbaar touw langzaam om me heen wikkelde. Zit ik even rustig te peinzen, vraag je meteen: 'Waar denk je aan?' Nou, dat gaat je dan geen ene moer aan.

Je schrijft dat ik niet van jou maar alleen van je lichaam houd. Ik vind je lichamelijk heel aantrekkelijk en opwindend, mollig, zo'n bolle buik, flinke borsten. Je mag er nog best zijn met je vijfenvijftig jaar.

'De eerste keer had ik al door dat jij volkomen ongeschikt bent om met iemand samen te zijn,' schrijf je. Desondanks zorgde je ervoor dat we elkaar nog vier maal uitgebreid ontmoetten.

Soms kreeg ik het gevoel dat ik door de Stasi en Securitate te zamen werd verhoord. Je deed vaak heel achterdochtig.

Je sprak onvriendelijk over je onlangs overleden ex-echtgenoot: 'Een geile bok, ik werd er misselijk van, steeds zo'n zwetende vent op me.'

Je weet dat ik het onderste uit de vrouwenkan niet eis en het onderste uit de mannenkan niet kan geven. Toch hebben we (dacht ik) heerlijk gevreeën zonder dat kleffe 'het'. Ik was verwonderd toen je vroeg: 'Kom eens op me liggen.' Dat ging me wat te ver; het zal mijn territoriumafbakening en bacteriënvrees wel zijn. Ja, je hebt me goed heet gemaakt, vooral toen je mijn stijve langdurig vasthield: dat is voor mij het summum van geilheid. Ik eiste weinig van je, toen begon jij te eisen.

In 1985 heb ik eens een verhaal geschreven, getiteld 'De man die nooit een stijve had'. Ik schreef het voor mezelf. Je zou iets essentieels van me begrijpen als je het zou lezen. Helaas kan ik het in mijn gigantische, chaotische papiertroep niet terugvinden. Vind ik het ooit, stuur ik je een fotokopie.

Uitgebreid schrijf je over 'geestelijk contact', dat ieder mens daar behoefte aan heeft, behalve die vreemde meneer Pointl. Als je elkaar zonder veel woorden begrijpt, dan is dat mijns inziens het g-contact. Maar bij jou is het meer iemand openmaken en kijken wat er allemaal in de kast en de laden ligt. Alle kasten hebben echter dubbele bodems en geheime laden.

'HOE MOET DAT NU MET ONS? IK SCHRIJF EEN KWADE BRIEF MAAR BEN TOCH NOG VERLIEFD, MAAR BEN JIJ NOG VERLIEFD

OP MIJ? WAS JE HET OOIT?' schrijf je.

Nee, ik was het nooit, ik vond je hooguit sympathiek. Ik verlang naar je lichaam maar niet naar je geest. Je hebt ook wel aardige eigenschappen, maar ik zou ze niet zo snel kunnen opnoemen.

'Toen je met me speelde en ik klaarkwam, waarbij ik nogal tekeerging met mijn armen en benen, zei je heel zakelijk: "Doe je een beetje rustig aan, ik heb dit Aupingbed pas, als jij zo tekeergaat, vervalt mijn garantie." ' Heb ik dat precies zo gezegd? Dan neem ik dat hierbij terug.

Je schrijft dat er zoveel dingen zijn die je met me had willen delen: yoga (niks voor mij), bridgeclubje (heb ik geen geduld voor), volksdansen (kijk ik liever naar), strandwandelingen (als ik een uur per jaar strand zie, heb ik voor een jaar genoeg strand gehad).

Wel wil ik je bedanken voor je complimenten over mijn lichaam; je vond het zacht van huid, lenig, slank; het lichaam van een man van dertig.

'Jij hebt schijnbaar geen behoefte aan iemand die van je houdt en je hand vasthoudt als je oud bent,' schrijf je. Als het zover komt, tref ik misschien een rabbi, priester of non die zulks doet.

Ik zou het overigens prettig vinden als we elkaar een maal per maand zouden kunnen ontmoeten. Voel je daarvoor? Het zal wel niet. Jij wilt 'vastigheid'. Ik heb in de loop van de laatste drie jaar wel honderd brieven gekregen van alleenstaande vrouwen in de leeftijdsgroep 55-65 jaar, die verbeten, verbitterd en vastbesloten op 'vastigheid' mikken. Voor een rijke weduwe zou ik nog een uitzondering hebben gemaakt, maar ze waren allemaal wel het laatste maar niet het eerste.

Aleida, geloof me, er komt vroeg (en hopelijk niet laat) een man op je pad die is zoals jij ongeveer hoopt dat hij zal zijn. *A mensch tracht und Gott lacht* (de mens wikt maar God beschikt).

Genegenheid geven en ontvangen, zo twee maal per maand, zonder de bijbehorende pathetiek is voor mij voldoende. Misschien ontmoet ik ooit iemand die op dezelfde golflengte zit; man of vrouw, dat interesseert me niet omdat ik ongeschikt (gelukkig!) ben voor de beroemde geslachtelijke eenwording. Zo, nu heb je toch nog antwoord op een van de vragen die je zo kwelden!

Warmte aan iemand geven is als muziek: de dirigent staat voor het orkest, bij de eerste beweging van zijn dirigeerstokje begint de muziek zich uit het orkest te bevrijden.

Nu is mijn brief ook chaotisch geworden, als het leven zelf. Laten we proberen onze medemensen niet als kneedbare klei te zien.

Ik wens je het allerbeste toe en hoop dat je af en toe nog zult denken aan de prettige momenten die we met elkaar doorbrachten.

Frans

PS: Wil je mij de boeken die ik je te leen gaf, t.z.t. retourneren? Als je je gironummer opgeeft, krijg je de portokosten terug.

# JEROEN BROUWERS
# *De kleine dood*

Liefste, we moeten elkaar nu maar niet meer zien. Op het moment dat ik dit schrijf, kijk ik naar je op de half mislukte polaroid-foto die nu voor me ligt. De enige foto van je die ik bezit. Die schemermiddag in de duinen, jij met mijn stropdas om, jij met wapperend haar, jij lachend om mijn stommiteit. De helft van de foto bestaat inderdaad uit een bleke vlek, veroorzaakt door mijn duim tegen de lens. Verder groezelige wolkenstapels, een ondersteboven vliegende meeuw, ver weg in de vaagte een schip. Je lacht wel, dat wil zeggen je mond staat op lachen met je tanden bloot, kuiltje in allebei je wangen, maar je ogen doen niet mee. Grijze ogen, ernstig, weemoedig. Behalve mijn stropdas droeg je op dat moment ook mijn slip (en ik die van jou), en maakte je je zorgen om het zuigplekje aan je hals, dat ik daar een paar kwartier eerder had gemaakt, jij en ik in dat motelletje voor overspelig volk, appartement 18, ik bewaar er nog altijd het bonnetje van, ik sluit het hierbij in. Zorgen hierom: als je echtgenoot dat stempeltje zou zien, wat moest je dan verzinnen? Waarom heb je dat nou gedáán, vroeg je, wat moet ik nou zeggen als hij het ziet? Uit jaloezie natuurlijk, heb ik dat gedaan, zei ik, uit bezitterigheid, als je een boom was, zou ik met een mesje een hart in je kerven en daaronder schrijven: Je bent van mij. Ik herhaalde: Je bent van mij, ík houd van je, zeg dat maar tegen je echtgenoot. Niet dat we ruzie kregen, maar we beseften toch dat we waren aanbeland bij de dingen die we tot dan toe hadden ontweken, maar waarvan we wisten dat ze op ons lagen te wachten. Jij reageerde met iets uitermate koels in je stem: En wat zeg jij intussen tegen je echtgenote, dan? Van deze terminologie bedienden we ons. We zeiden nooit Berend, maar hadden het over 'je echtgenoot' en als we Marijke bedoelden, duidden we haar aan als 'mijn echtgenote'. Als om hun aanwezigheid in ons leven te abstraheren. Ze speelden wel een rol in ons bestaan, maar buiten onze verhouding. Dachten we. Dit spiegelden we onszelf en elkaar voor. Met wie een vrouw naar bed gaat omdat zij van hem houdt, de vent naar wie zij hunkert en die niet uit haar gedachten te branden is, dat is 'haar man', zei ik. Ik ben dus jouw man, en op dezelfde manier ben jij 'mijn vrouw'. Met dit gesprek – we voerden het terwijl we elkaar streelden nadat we elkaar de hemel hadden binnengeleid – begon het bederf en wisten we alle twee dat we spoedig het paradijs zouden worden uit gejaagd. Je was het wel met me eens, maar in de praktijk kwam het natuurlijk neer op sentimentele onzin, zei je. We zijn nu eenmaal alle twee met een ander getrouwd en niet van plan om ons huwelijk op te geven. Ik hoor je nog zeggen: Wij gaan alleen maar vreemd met elkaar, verder niets. 'Alleen maar'. 'Verder niets'. We hebben een web van leugens om ons heen geweven waarmee we onszelf én onze echtgenoten bedriegen. Ik ga met hém ook nog regelmatig naar bed, bekende je opeens en dreef daarmee de angel van de jaloezie in mijn hart. Dit gesprek, al waren we nog zo teder voor elkaar, maakte ook van onze liefde opeens niets anders dan een triviale aangelegenheid van doodgewone, bange mensen. Wel eerlijk tegen elkaar, maar daarbuiten zo hypocriet als struisvogels. Ja natuurlijk vrij ik ook nog met Marijke, maar ik denk er uitsluitend bij aan jou en ik moet me er sterk bij concentreren om niet woorden in haar oor te fluisteren die voor jou zijn bestemd. Om niet jouw naam te roepen als de climax is bereikt. Climax: jij en ik spraken van 'de kleine dood'. Mijn orgasmes bij haar maken me treurig en slaan me met schaamte. Dit hoef ik jou niet uit te leggen. Als ik je niet 'mijn vrouw' mag noemen, zal ik 'liefste' tegen je zeggen, zei ik. Daar glimlachte je om. Dat is goed, liefste, zei jij. Het idee vergiftigt me, dat jij op dit moment misschien met hem... Al zitten jullie op dit moment gewoon in de huiskamer, hij met de *Haagse Post*, jij starend, de televisie aan zodat het niet opvalt dat je staart, het vergiftigt me, ook al weet ik dat je starend hetzelfde zit te denken over mij en Marijke. Ik kan je geruststellen, mijn echtgenote is op dit moment met vriendinnen naar de film. Als ze thuiskomt, lig ik in bed en zal ik doen of ik diep slaap. Toen daarjuist bij jullie de telefoon ging, was ik dat. Toen de telefoon een half-uur later nog eens ging, was ik dat ook, ik kreeg opnieuw je huwelijksgenoot aan de lijn, maar kon toch niet wéér zeggen dat ik 'verkeerd verbonden' was? Bij het achteruit verplaatsen van de autostoel, omdat haar benen langer zijn dan de mijne, vouwde Marijke zich opeens voorover en haalde van onder de stoel jouw agenda annex adressenboekje te voorschijn. Ze begon erin te bladeren en las hardop je naam. Wie is dat, vroeg ze, wat doet dit nou in jouw auto, vroeg ze. Ik dacht aan het zuigplekje in je hals. Opeens ook, terwijl ik je agenda uit haar handen nam, was het of ik ons samen rook, de geur van onze gulzigheid als we ons in een verstolen uurtje in de stiekemheid van onze liefde in een vreemd bed met elkaar verstrengelen. Die zoetige geur, die we daarna onder de douche zorgvuldig van onze lichamen wasten, want onze echtgenoten mochten er geen lucht van krijgen. Heel spontaan en natuurlijk viel de leugen uit mijn mond: Collega van me, zei ik, je weet wel, dat congres vorige week in het Kurhaus, ik was daar met de auto en zij met de trein, ik heb haar na afloop een lift naar het station gegeven. Nooit geweten dat ik over zulk improvisatietalent beschikte. Ze slikte het voor zoete koek, maar ik voel me vanwege dit leugentje tien keer zo ellendig dan om de bedriegerij waar jij en ik nu al vijf maanden mee bezig zijn. Het is of de grote leugen, die we tot nu toe buiten onze huwelijken hebben weten te houden, bezig is onze huiskamers binnen te sijpelen, zoals tocht door een kier achter de gordijnen. Onze echtgenoten koesteren nog geen argwaan om de verklaringen die wij geven voor de agenda van een vrouw in mijn auto, een zuigplekje vlak boven jouw sleutelbeen, maar ongetwijfeld volgen er nieuwe vergissingen, andere roekeloosheden, omdat liefde nu eenmaal geen compromissen verdraagt. Het wordt tijd dat wij iets besluiten. Ook al doe ik straks of ik diep in slaap ben verzonken, ik ben toch klaarwakker achter mijn gesloten ogen. Mijn echtgenote kruipt naast me, komt zich aan me warmen en ik besef mijn lafheid. Hier is je foto terug, liefste, ik doe hem samen met nog een paar andere zoete souvenirs in je agenda, stop alles in een envelop en loop nog even naar de brievenbus. Als een misdadiger die ervoor zorgt dat het bewijsmateriaal uit zijn huis verdwijnt. Het zal zijn alsof diezelfde donkerte en stilte door mijn huid heen in mijn bloed dringt.

In mijn verbeelding zie ik je zitten terwijl je deze brief leest, morgen, overmorgen. Je grijze ogen. Als je verdrietig bent, valt er een floers over en worden ze mat als oude parels. Liefste, ik blijf je zo noemen: liefste, liefste. Je zult het met me eens zijn dat wij een besluit moeten nemen, maar misschien ben je het niet eens met míjn besluit, misschien heb jij een ánder besluit voor ons tweeën in gedachten. Hoe wij misschien tóch... Ik houd van je en kus en streel je. Wat er nu ook gebeurt, wij gaan een zware tijd tegemoet. Voor de zekerheid, voor de veiligheid, voor je weet maar nooit, laat ik mijn naam, het naampje dat je mij altijd gaf, onder deze brief maar weg.

GEERT VAN ISTENDAEL

# *Brief uit grote dankbaarheid*

*... En zoo 'k vele vrouwen heb bemind*
*sinds dien, met moeden geest, of smeekende gebaren...*
Karel van de Woestijne

MIJN ALLERLIEFSTEN, ALLEMAAL,
Deze brief richt ik tot alle vrouwen die ik heb gekend –, nee makker, duidelijker zijn – alle vrouwen die ik heb bekend. Dat zijn er wel enkele, al ben ik niet bepaald een parochiestier of, moderner gezegd, een begenadigd versierder, of zo'n type waar de mooie meiden als vanzelf aan vastplakken en waar ik zo jaloers op ben.

Tja, hoe gaat dat? Ze zegt iets, wat, dat heeft niet meteen belang, er is iets in haar stem, benaderingen beginnen.

Psychologen schrijven onthullende boeken over wervende gebarentaal en geuren en zo, ze hebben ongetwijfeld gelijk, alleen merk ik er nooit zoveel van, ik zei het al, mijn veroveringstalent is beperkt. Misschien leest een van al die vrouwen deze brief en slaat ze haar ogen ten hemel: 'Beperkt? Onbestaand! God, die pummel, die had overal handen, behalve waar het moest. Wat een geluk dat hij verhuisd is.'

Ik buig rouwmoedig het hoofd, maar ergens in een zenuwbaantje licht steeds opnieuw een zwak signaal op: dankbaarheid.

Hoe onhandig ik ook te werk ging, hoe snel soms, zo vaak al te geil, al die vrouwen ben ik dankbaar: de neurotische echtbreekster, de godsdienstlerares, de manager, de secretaresse, de lelijke die zo zalig zoende, de verpleegster, de studente die al een verhouding had met een getrouwde man, de zachte roodharige, de zwarte die zo graag paarse jurken droeg, de kastanjebruine...

Ik ben jullie allemaal dankbaar, totterdood, ik bedoel, tot nevel mijn verstand aan het zicht van de wereld onttrekt en daarna misschien nog, maar dan zal ik het jullie niet meer kunnen zeggen, laat staan schrijven.

Zouden jullie deze brief te lezen krijgen? Gensters moeten uit de letters spatten en jullie lijf in lichterlaaie zetten. Van geen enkele vrijerij heb ik spijt, ook niet van de treurige. Een paar keer zijn koude woorden gevallen achteraf, we blazen ze weg in de wind.

Maar die ene keer dat een van jullie met de rug van haar hand vluchtig langs mijn wang streek; die ene keer dat een van jullie, heftig klaarkomend, me met een strak, gespannen gezicht bleef aankijken, als had ze koorts; die keren dat het niet wilde lukken en jullie met je radeloze geilheid zaten; voor al die keren en voor alle andere verdienen jullie mijn dankbaarheid.

Voor het voor en het na, voor het bijna preutse aankleden, voor de half geweigerde, half uitgelokte avances, voor het broeierige moment waarop je elkaar begint uit te kleden, duivelinnen en heilige hoeren, mijn dankbaarheid kan nooit groot genoeg zijn. Mijn verlangen naar jullie is altijd al te groot geweest; dat verklaart, vergeeft niet, mijn gehaast; nee, haast in de liefde is en blijft onvergeeflijk.

Haast heb ik veel minder dan vroeger. Maar mijn vingertoppen, mijn handpalmen missen deerlijk jullie moedervlekjes, jullie nekhaartjes, de knievouw die ik naar me toe wil halen, de onbeschaamde schaamlippen. Ja, ja, deze brief is geschreven door een wellusteling van middelbare leeftijd.

Ik wacht wel. Misschien zie ik mijn lieve vrouwen terug, misschien spreken andere mij aan. Zal ik dankbaarheid genoeg hebben voor het steeds wisselende, het onbestendige beminnen?

Jullie dankbare minnaar van weleer,

Geert

# A.F.TH. VAN DER HEIJDEN
# *Postale driehoek*

AAN BRIEFNUMMER 4032/NEDERLAND OP ZONDAG VAN 12 JUNI 1993

AMSTERDAM, 19 JUNI '93

LIEVE NR 4032,

Jaren geleden reageerde ik, tegen mijn gewoonte in, eens op een contactadvertentie in de *NRC*: een vrouw met 'uitgesproken exhibitionistische neigingen' zocht 'om haar diepste fantasie te realiseren' een 'voyeuristisch ingestelde heer', of woorden van gelijke strekking. Ik schreef haar een brief waarin ik haar 'diepste fantasie' uiteenzette zoals ik die zag. Zij antwoordde, schijnbaar verrast: ik had de spijker op de kop geslagen. Enthousiast geworden, of liever, enigszins verhit geraakt, stuurde ik haar een nog veel uitvoeriger brief, met daarin nog veel uitvoeriger visioenen die voor haar bruikbaar konden zijn. In haar antwoord bleek de toon plotseling omgeslagen: kribbig, ongeduldig, vroeg zij zich af wat ik nu eigenlijk wilde: een exhibitionistisch/voyeuristische ontmoeting of 'zomaar' een erotische correspondentie. Op dat moment realiseerde ik me dat ik niet meer dan dat laatste wilde. Ik had de – met niets anders te vergelijken – prikkeling ontdekt van het corresponderen over seksuele aangelegenheden. Mijn exhibitionistische adressante had daar geen boodschap aan. Zij bleek wel degelijk commerciële bedoelingen te hebben, en had het voorzien op welgestelde zakenlui (tot wie ik niet behoor) voor wie zij zich op een hotelkamer 'voor een bedrag van minstens vier cijfers' wel van haar hoed, pumps en kant wilde ontdoen.

Einde correspondentie. Maar ik had de smaak van het 'schriftelijk minnen' te pakken. Er deed zich sindsdien nauwelijks een gelegenheid voor die prille behoefte te bevredigen, enfin, tot ik jouw advertentie las, lieve numero 4032.

Doordat ik *NOZ* van vorige week pas gisteren onder ogen

kreeg, ben ik er wat laat bij. God weet hoeveel brieven van kandidaat-correspondenten en -correspondentes je sindsdien wel niet ontvangen hebt! Ik dagdroom dat je er tot nu toe alleen een briefschrijfster aan over hebt gehouden. Misschien zou er een soort postale driehoek in zitten...

Als een vrouw bekent een 'bi-vr.' te zijn, brengt me dat geheel en al aan het gloeien. Het heeft iets troostends. Voor mij, een man, is zij niet onbereikbaar, terwijl zij ook weet heeft van dat ándere: zij weet, net als ik, hoe een vrouw smaakt, zij heeft het met haar eigen tong geproefd. We delen met andere woorden een dubbel geheim.

Krijgt deze correspondentie een vervolg, dan zal ik je – per brief, zonder een detail over te slaan – meisjes en vrouwen naar je smaak aanbieden. Ik zal heel precies beschrijven hoe ze eruitzien, en wat ze allemaal voor je doen, al dan niet met mij erbij. Maar daartoe moet ik eerst weten waar je voorkeuren liggen, wat je smaak is, en hoe bij jou de balans is tussen homo- en heteroseksualiteit.

Ik kan je schrijven over mijn ervaringen met biseksuele vrouwen, en met vrouwen die zich voor één keer aan een andere vrouw waagden. Ook kan ik je gedetailleerd de subtiele orgie beschrijven die zo'n vijftien jaar geleden plaatshad en waaraan, behalve ik, acht personen deelnamen, jongens en meisjes, mannen en vrouwen. Maar nogmaals, ik zou eerst wat preciezer moeten weten wat je je bij dit schriftelijk contact voorstelt.

Laat ik, om de kennismaking op gang te brengen, eerst een portret van mezelf geven. Ik ben een man van negenendertig, met donker haar, maar niet buitensporig zwaar behaard; mijn borsthaar heeft, met enige fantasie, een soort kruisvorm. Regelmatig gezicht, grijze ogen; dit laatste wordt door vrouwen nogal eens geroemd als in mooi contrast zijnd met het donkere haar. Erg lang kun je me niet noemen: een meter zevenenzeventig. Ik heb het nooit opgemeten, maar mijn geslacht zal wel van gemiddelde lengte en dikte zijn, al moet ik toegeven dat het zich nu, terwijl ik deze brief schrijf, tot het uiterste verheven heeft en zichzelf probeert te overtreffen. Ik hoop dat je het op prijs stelt als ik je in het vervolg van deze brief op de hoogte houd van zijn gedragingen, of van mijn gedragingen ten opzichte van hem. (Je had het in je advertentie immers over 'uitgesproken seksualiteit'; ik houd me daaraan.) In de correspondentie van Mozart is een passage aan het licht gebracht waarin hij zijn vrouw Constanze meedeelt hoe zijn verstijfde geslacht zich 'met zijn kopje' boven de schrijftafel uit probeert te wurmen. 'Ik heb hem al een paar keer een tik gegeven, maar hij legt zich er niet bij neer' of woorden van die strekking. (Als je het leuk vindt, kan ik de passage weleens voor je opzoeken.)

Een vrouw zei eens tegen me: 'Het windt me op als bij warm weer de aderen zo dik boven op de rug van je hand liggen.' 'O, waarom?' En na een blozende aarzeling: 'Omdat het me doet denken aan iets anders van je wanneer het gezwollen is.'

Ze had gelijk: ik kan het zelf weer eens constateren nu mijn deel zich zo geprononceerd tussen mijn buik en het toetsenbord van de schrijfmachine heeft gedrongen. Ik mag overigens wel oppassen dat het niet onverhoeds zijn vloeibare hartstocht tussen de toetsen uitstoot, want de machine is elektrisch.

Verder met mijn portret. De seksuele voorkeuren. Zeker nu die gezwollen bundel aderen daar beneden zo koortsachtig klopt, valt het me niet moeilijk daarmee voor de dag te komen. Voor mij is de kut van een meisje of een vrouw het absolute middelpunt van de wereld. Al mijn gedachten, voorstellingen, fantasieën, visioenen leiden daar vroeg of laat naar toe. Kuis in zichzelf gekeerd of gezwollen en vochtig, geschoren of met blond of donker haar, met uitpuilende of 'inpandige' schaamlippen... ik zal ze afwisselend mijn ogen, mijn vingers, mijn tong en mijn stijve geslacht aanbieden, indien ik in de gelegenheid ben. Alleen maar toekijken en háár het werk laten doen, met haar vingers, vind ik minstens zo heerlijk.

Bij Assisi in Italië zag ik een basiliek die met torens, pilaren, koepels en al over een kleine, heilige kapel heen was gebouwd. Zo zie ik het vrouwenlichaam: de benen als torens, de armen als pilaren, borsten en billen als koepels, en dat alles gebouwd rondom dat kostbare, heilige kleinood, dat het middelpunt van die basiliek van zacht en stevig vlees is: de kut. De geheimzinnige opening die onder je vingers haar vorm lijkt te verliezen, en oplost. 'Dat wat altijd nederig naar de grond kijkt, en nooit de zon ziet,' zeggen ze in Italië. Een tamelijk preutse zegswijze als je bedenkt hoe een kut je, tussen geweken dijen vandaan, recht en hypnotiserend kan aankijken. Het oog van God, dat ook zonder oogbal, iris of pupil dwars door je heen kijkt, en het vuur in je ontsteekt, en het beest in je losmaakt.

Ik weet niet waar bij jou de grenzen van zo'n correspondentie liggen. Mag deze die van het geschreven woord niet overschrijden? Indien toch, dan zou ik je vroeg of laat – als er vervolgbrieven komen – willen vragen of je me een polaroid-foto zou willen sturen van een close-up van dat voor mij heilige plekje van je lichaam, zodat ik me bij het schrijven van mijn brieven nog beter zou kunnen oriënteren. Enfin, zover is het nog niet.

Ik blijf zitten met een dubbele handicap: ik weet niet of dit eerste, nog eenzijdige contact van jouw kant een vervolg zal krijgen, en: ik weet te weinig van je voorkeuren om toon en details van mijn brief erop af te stemmen. Ik moet het doen met een piepklein kadertje in een weekblad: ziedaar het miniatuurvenster dat op een kier naar jouw leven openstaat. Het is schemerig daarbinnen, om niet te zeggen donker. Ik krijg je gezicht niet scherp, alleen de lichte huid van je bovenbenen licht in het duister op. Ik zie hoe je handen, wat donkerder door de zon, zacht en zonder haast die bovenbenen strelen. Nog een witte vlek in het schemerduister: de uiterst openhartige brief van een jonge vrouw die je zojuist hebt zitten lezen, en keer op keer hebt herlezen. Daarmee reageerde ze op je advertentie. Haar woorden hebben je behoorlijk aan het gloeien gebracht, vooral haar beschrijving van hoe ze zichzelf bevredigde. Je wendt nu haar 'recept' voor jezelf aan. Ik zie hoe je duimnagels ter weerszijden van het kruis van je broekje de haargrens strelen. Je benen hangen over de armleuningen van een fauteuil; op een gewone stoel tegenover je staat een spiegel. Je vindt het prettig om, alvorens je aan de spiegel bloot te geven, de vage bollingen en de vage gleuf in het slipje te bekijken. Je signaleert een heel klein plekje vocht precies in het centrum van het badstof kruisje.

Je verheft je even, je haakt je vingers van achteren in het slipje, en je vindt het heerlijk hoe bij het uittrekken je handpalmen over je zachte, koele billen strelen. Als je weer wijdbeens achteroverzit, pal voor de spiegel, trek je jezelf met beide handen een beetje open. Heel traag komt een dikke droppel suikerwater naar buiten gekropen. Je wrijft hem met je vingertop uit in je bilnaad, precies zoals de briefschrijfster het beschreven had; zij noemde dat haar 'glijbaantje', en dat woord alleen al had je onder het lezen hevig opgewonden...

Enzovoort. (Ik zal je graag, gedetailleerd, het vervolg vertellen, maar dan moet ik eerst weten of deze brief een beetje is 'aangeslagen'.)

Als je het intiemer vindt om een handgeschreven brief te ontvangen, laat het me dan weten. Ik heb een zeer leesbaar handschrift, en geef zelfs de voorkeur aan het schrijven met de hand. Inkt verbeeldt het best het door de opgeroepen woorden verhitte bloed, en het handschrift verraadt de emoties en de opwinding van de briefschrijver. Natuurlijk hoop ik dat je terugschrijft. Je hoeft niet te veel rekening te houden met mijn wensen en voorkeuren. Schrijf me de dingen die je het meest bezighouden, het meest prikkelen; dan haak ik daar wel op in. Richt je brief aan:

Patrick Paridon
Alberto Cupidostr. 101
Amsterdam

Ook wanneer je de correspondentie geen vervolg wilt geven, zou ik een klein briefje-met-afwijzing op prijs stellen.

Met veel erotische fluisteringen en strelingen,

Patrick

PS: Zou je ook ingeval je níet terugschrijft, met deze brief de uiterste discretie willen betrachten?